The Danish Industrial Foundations

デンマークの産業財団

スティーン・トムセン
Steen Thomsen

尾﨑俊哉 訳
Toshiya Ozaki

ナカニシヤ出版

訳者まえがき

　本書は、スティーン・トムセンが 2017 年に刊行した『デンマークの産業財団』（Steen Thomsen, *The Danish Industrial Foundations,* Djøf Forlag）の全訳である。トムセンは北欧を代表するコーポレートガバナンスの研究者である。1917 年に創設され、経済・経営分野に特化した大学として知られるコペンハーゲン・ビジネススクール（CBS）の教授で、同大学のコーポレートガバナンス研究所の創設者でもある。

　本書は、デンマークの「産業財団」に焦点を当てたものである。これは、営利企業を保有し経営権を行使する非営利の財団という、企業の所有と経営をめぐるユニークな形態である。製薬のノボノルディスクや海運のマースク、ビールのカールスバーグをはじめ、デンマークを代表する世界的なエクセレントカンパニーの多くが、産業財団という形態のもとで経営されている。

　なぜ、どのような経緯で、そのような企業形態が生まれてきたのか。非営利という財団の目的と営利企業の経営は、理念としても実務においても、矛盾や不都合が起こらないのか。どのような法律のもとで設立され、運営されているのか。そのような企業の所有と経営は、通常の上場企業とはどこがどう異なるのか。上場企業よりもすぐれた業績を出しているのか、それとも劣っているのか。雇用や経済、そして広く社会への貢献という点ではどうか。本書は、デンマークにおいてすらくわしく研究されてこなかった、産業財団をめぐるこのような多面的な観点について、理論と実証の双方から迫ったものである。

　ニッチなテーマであり、わざわざ日本語に訳して広く日本で読まれるまでもないのではないかと思われる向きもあるかもしれない。しかし本書は、日本を含む多くの国の読者に、いくつかのきわめて重要な示唆を与えてくれる。

　第一に「産業財団」という、日本を含む多くの国で、まだ知られていない企業の所有と経営の形態が多面的に明らかになる。本書は直接的には、非営

i

利財団が営利企業を所有経営することをめぐる実証的な研究であり、企業のガバナンスのあり方の多様性について興味深い示唆を与える研究である。事業承継や同族経営をめぐる第三の可能性を具体的に示すものでもある。

　それに加えて、より広くデンマークの経済や社会のあり方との関係もみえてくる。折しもデンマークは、21世紀に入ってからGDP成長率やグローバル競争力、労働生産性の高さで群を抜いている。たとえばスイスのIMDが毎年行っている「世界競争力調査」では、デンマークが2022年、2023年と2年連続で1位であり、それ以前もコンスタントにトップ15に入っている。2022年の1人当たりGDPは6万6500ドルで第9位、労働生産性は第5位とトップレベルである。国連が調査している「幸福度ランキング」でもここ数年、フィンランドに次ぐ第2位につけている。ワークライフ・バランスも良いということだろう。本書が示すように、産業財団が所有し経営する企業が、コペンハーゲン証券取引所に上場されている企業の時価総額の7割ほどにあたるというのであれば、そのようなユニークな企業の所有と経営のあり方が、デンマーク経済の堅調や、それを他の先進諸国よりも少ない労働時間で達成していることに、なんらかの寄与をしているのではないか。そしてそれを、株式市場も高く評価しているのではないか。

　第二に、産業財団はデンマークのみにみられる、特殊な企業の所有経営構造ではない。本書の第5章で概観しているように、ドイツ、オーストリア、北欧諸国においても、多くの例がみられる。アメリカやイギリス、インド、台湾にも存在している。いずれの社会においても、営利企業を所有経営する一方で、慈善活動を行うという財団をどう位置づけるか、それに基づいてどのような法律で規制し、だれがどのように財団経営を行うかという問題と向き合っている。その結果、産業財団を積極的に受け入れ、支援するデンマークから、より厳しく規制するアメリカまで、多様なあり方に分かれてきたといえる。わが国においても、産業財団のような営利企業の所有と経営の形態は経営者の事業承継のあり方や、なんらかの社会的な目的を実現するうえで、ふさわしいものなのか、ということを考えるきっかけとなるのではないか。

　第三に、企業経営や市場のあり方が、今日のグローバル経済のなかで、引き続き多様性を持ち続ける可能性について考えるヒントを導くことができる。

産業財団による企業の所有と経営を一般の上場企業のそれと多角的に比較分析することを通して、企業をだれがどのように所有し、経営するかによって、企業の業績や組織文化、持続的な成長の可能性に少なからぬ違いが生まれる。また、国民経済や社会にも大きな影響を与えることも明らかにされている。

　たとえば、創業者が優れた経営を行うなかで成長してきた企業は、デンマークのように一定の条件を整えれば、産業財団に事業承継をさせることで、創業者の遺志を継いで発展していく可能性があるようだ。産業財団が所有経営する企業は、短期的な利潤最大化を求める株主の圧力にさらされる上場企業に比べて、より長期的な視点に基づいた経営ができる。具体的には、研究開発や社員への長期的な観点からの投資や、安定的な雇用、さまざまなステイクホルダーへの配慮などが可能となる。充実した寄付活動を通した社会貢献も行われる。

　21世紀に入り、世界経済がグローバル競争の荒波にもまれるようになった。日本企業が海外で苦戦し、株価も低迷して割安になると、外国人株主の比率も上がる。そのなかでアメリカ型の株主ガバナンスを受け入れざるをえないのではないか、という議論が高まってくる。利潤の最大化を求める短期的な経営が不可避となり、より効率的な経営ができなければ、グローバル競争の中を生き延びていけないのではないか。逆に、これまでの日本型経営を続けていたら、ますます将来を展望できなくなるのではないか。これは、経済活動を制度的に考察する文脈のなかでは、「制度的な収斂」として知られる議論である。

　本書が紹介するデンマークの産業財団による企業の所有と経営は、そのような制度の収斂とは異なる可能性の存在を示しているのかもしれない。デンマークをはじめとする北欧諸国においても、日本と同様にグローバル競争の荒波が押し寄せてきている。そのなかで、産業財団のような企業の所有と経営の形態が、アメリカ型の短期的な利潤最大化を求める株主ガバナンスを持つ企業よりもすぐれた業績をあげているのであれば、グローバル競争を生き延びるための方策は、アメリカ型の株主ガバナンス以外にもあるのではないか。

　もちろん読者にとっての本書の意義は、上記の3点に限られるものではな

く、それ以外にもさまざまなものがあろう。ニッチなテーマを扱っているようにみえる本書が、わが国の読者にとっても、日本における企業の所有と経営のあり方や、資本主義制度のあり方をあらためて考える際に、大きな知的刺激を与え、議論の方向を広げてくれることを願うものである。

　なお、翻訳にあたってわかりにくいと思われる箇所には、〔　〕のなかに訳注を付した。

　最後に、ナカニシヤ出版の酒井敏行氏には、本書の日本語による出版にあたって大変お世話になった。この場をお借りして深くお礼を申し上げたい。

目　　次

訳者まえがき　i

序 ——————————————————————————————— 1

第1章　「産業財団」とはなにか ———————————— 5

第2章　産業財団をめぐる理論 ——————————————— 21

第3章　産業財団をめぐる法と監督 ———————————— 45

第4章　産業財団への課税 ————————————————— 71

第5章　世界各地の産業財団 ——————————————— 83

第6章　デンマーク経済における産業財団 ——————— 109

第7章　デンマークの産業財団所有企業の業績 ———— 129

第8章　産業財団のガバナンス ————————————— 153

第9章　産業財団の定款 ———————————————— 169

第10章　産業財団の慈善活動 —————————————— 191

参 考 文 献　207
索　　　引　221

序

　産業財団とは、企業を所有する財団を指す。それは独立した組織で、特定の所有者を持たない。財団が所有する企業は、特定の産業に限らず、製造業、建設業、造船業、コンサルティング、不動産、金融など多岐にわたる。産業財団と同様の存在として、「事業財団（Enterprise Foundation）」、「企業財団（Corporate Foundation）」、「営利財団（Commercial Foundation）」、「ビジネス財団（Business Foundation）」などがある。重要なのは、財団が事業会社を所有し経営するのであって、その逆ではない点、そして、財団は政府機関でも半官半民の組織でもなく、純粋に民間組織である点である。

　世界を見渡すと、財団が所有する巨大な企業が存在することに気づく。インドのタタ・グループ、スウェーデンのウォレンバーグ〔ヴァレンベリと表記されることもある〕、アメリカのハーシー、ドイツのボッシュ、イギリスのロイズ、スイスのロレックスなどである。しかしデンマークほど、財団所有の企業が多い国もないだろう。時価総額ベースでみると、デンマーク企業の7割が財団所有である。デンマークを代表するマースク、ノボノルディスク、カールスバーグは、いずれも産業財団によって所有されている。

　産業財団による企業の所有と経営は、一般的な株式上場会社、同族支配の企業経営の、いずれとも異なる企業の第三の形態である。慈善事業とビジネスが組み合わされている点で、企業の社会的責任をめぐる今日的な議論とも深く関わっている。その長期的な視野は、短期的で移り気な株式市場と好対照をなす。このような興味深い存在ながら、これまであまりくわしい研究も

されてこなかった。また、そのような財団を促す法制度が未整備なことも相まって、世界的にみれば、きわめて珍しい存在であるにもかかわらず見過ごされてきた。

しかし筆者は、産業財団が企業経営をめぐって多くの具体的なメリットを持ち、政府が補助金や規制を使うことなしに有用な政策目的を達成でき、広く経営全般について多くの貴重な示唆を与えることができる存在であると考えている。

もちろん、産業財団による企業の所有と経営は万能薬ではない。すぐれたガバナンスを持たない産業財団は、悪い意味での長期的な観点や責任の所在のもと、惰性的な経営や独善的な経営に陥ってしまう。産業財団自身が、だれの所有でもないことが抱える本質的な弱点は明らかである。この点で、産業財団をいかに正しく経営できるかが、重要な課題となる。

本書では、デンマークにおける事例をふまえて、産業財団による企業の所有と経営をめぐる考察を行う。産業財団による企業の所有と経営がどのような考えに基づいて実施され、課税され、ガバナンスされるかについて明らかにする。そのなかで、産業財団とその所有する企業がデンマーク経済においてどのような役割を果たし、経済にどのような貢献を行ってきたかを考察する。本書は、大規模な研究プロジェクト（www.tifp.dk）に基づくものであるが、専門知識を必要とするものではなく、広く一般的な読者を対象としている。

以下の各位には、本書をまとめるうえで直接的に、あるいは間接的に支援をいただいた。ここで謝意を表したい。

- 本プロジェクトへの支援をいただいたレオ財団、ランボル財団、ノボノルディスク財団、ルンドベック財団、ローリゼン財団、コヴィ財団、アウグスチヌス財団、カールスバーグ財団、クヌート・ホイガード財団。
- 本プロジェクトに参加された以下の各位：クリスタ・ダムガード・ボースティン、ヨハン・クーン、トマス・ポールセン、ラスムス・フェルトフセン、マーチン・ポールセン、グンター・フランク、ヘン

2

リー・ハンスマン、ニルス・ウエスタガー・ニルセン、ハンス・クリスチャン・ヨハンセン、エリック・ウェラウフ、スザンヌ・ヌアゴー、ピーター・ロフト、ソレン・ボー・ニールセン、シーナ・マリィ・デン、アンナ・ソフィ・アンダーセン。

● 最後に研究を続けることを支援し、原稿を編集してくれたわが妻アネテ・ブレガード

本書は、「産業財団に関する研究プロジェクト」の支援を受けて実現した。財団の精神に沿い、本書の印税は関連サイトの維持および今後の研究のために使われるものである。

2016 年 10 月　コペンハーゲン

スティーン・トムセン

第1章
「産業財団」とはなにか？

概要

　「産業財団（Industrial Foundation）」は、辞書や法文書のなかで見つけられる単語ではない。これは、企業を所有し経営する財団を定義して作られた造語である。このような機能を持つものとして、世界にはさまざまな形態がある。いずれも基金（Trust）や財団（英：Foundations、独：Stiftungen、瑞：Stiftelser、蘭：Stichtingehn、伊：Fondazioni）と呼ばれ、慈善団体だったり、創業家が経営権を握る手段だったり、持ち株会社だったりする。

　本章では、「産業財団」がどのように構成されているかについて、明らかにする。そのなかでたとえば、なぜ「産業財団」は「営利財団」ではないか（ほとんどの産業財団は慈善的な目的を有する）、なぜ「企業財団」でもないのか（企業が創立したのではなく、企業の創業者が創立したものである）、なぜ、同族経営とは異なるのか（企業の創業者が財団の設立基金を拠出していても、設立後はその手を離れ、だれも所有者がいない）、について明らかにする。そのなかで事例も使いながら、産業財団がどのようにして創設され、運営されているかを示したい。それに先立ち、研究の動機を明らかにすることから始めよう。

なぜ産業財団について学ぶのか？

　国際的にみると、産業財団によって所有される企業は例外的な存在である。

表 1.1　世界の代表的な産業財団所有企業

カールスバーグ（デンマーク）
A. P. モラー・マースク（デンマーク）
ノボノルディスク（デンマーク）
ベルテルスマン（ドイツ）
ZF フリードリヒスハーフェン（ドイツ）
ロバート・ボッシュ（ドイツ）
カールツァイス（ドイツ）
IKEA（スウェーデン）
インベストール（スウェーデン）
トゥレレボルグ（スウェーデン）
NCC（スウェーデン）
タタ・グループ（インド）
ハーシー（アメリカ）
ロイズ・レジスター（イギリス）
ガーディアン（イギリス）
ピエール・ファーブル（フランス）
DNV（ノルウェー）
カヴリ（ノルウェー）
ロレックス（スイス）
ヴィクトリノックス（スイス）

創業者個人や創業家一族が直接的に所有していたり、投資家が投資会社や年金基金、協同組合、政府機関などを通して間接的に所有していたりといった違いはあるものの、通常、企業は最終的には人間が所有している。他方で、世界中で少なからぬ数の企業が財団によって所有され経営されている。それらのいくつかは、すぐれた業績をあげる巨大なグローバル企業である。上の表は、そのような企業の代表例を集めたものである。それを一瞥しただけでも、財団所有の企業が研究に値する対象だということが理解されるだろう。このような経営形態について、これまでほとんど研究されてこなかった。もっとくわしく学ぶ必要がある。

　産業財団はきわめて特殊な存在だという点でも、学ぶ価値があるといえる。非営利の財団と営利企業の組み合わせは、企業をめぐる経済学の理論にとって、やっかいな対象である。アダム・スミス以来、企業は利潤を追求するものだとされてきた。しかしほとんどの産業財団は、企業経営からあげた利益を慈善事業に使う。企業の目的を利潤の追求におく伝統的な理解と産業財団

とは、どう整合性を持つのだろうか。もちろん、現実の経済活動は経済学者が想定するものよりも多様で、多岐にわたっている。企業を効率的に経営するための動機として、利潤の追求は、本当はそれほど重要ではないのかもしれない。そうだとしたら、企業の所有形態について、興味深い示唆が導けるかもしれない。

　産業財団による企業の所有と経営の特色の1つが、長期的な視野に基づく経営である。産業財団は、原則として財団が所有する企業と一体である。財団が存続するということは、所有する企業を経営し続けることである。したがって経営が長期的にならざるをえない。この長期的経営は、絶えまなく市場で売買される株式のもとで経営される今日の株式会社と、大きなコントラストをなしている。本書で明らかにされるように、このような経営における長期的な観点は、産業財団が経営する企業のガバナンスや経営のあり方に、大きな影響を及ぼす。このことについて学ぶことで、それ以外の形態の企業のガバナンスについても、多くの示唆が得られるだろう。

　このような特徴を考えると、デンマークに限らず世界中の企業にとっても、産業財団のような所有と経営のあり方にメリットを認められるだろう。しかしながら、現実には多くの国で、このような企業の所有形態は厳しく規制されている。デンマークでの事例をふまえ、そのような規制の妥当性や規制緩和の可能性など、政策的な議論を深める意味もあろう。

　産業財団は、メリットもデメリットもある。産業財団を学ぶことを通して、その強みに加えて問題点や弱点についても理解を深め、メリットを最大限に活用することができれば、デンマークをはじめ、このような企業の所有と経営を行う産業財団からより多くのメリットを引き出し、社会に還元することができると考える。

定義

　産業財団は、世界中に存在し、さまざまな名前で呼ばれている。慣習法の国々では、「基金」や「非営利組織」と呼ばれる。たとえばアメリカでは、非営利企業（Non-profit Corporations）と呼んでいる。ドイツでは事業財団（Unternehmensträgerstiftung）、スカンジナビア諸国ではビジネス財団（erhvervsfonde）と呼ぶ。事業活動をともなう財団（erhvervsdrivende fond）、信託基金（næringsdrivende stiftelser）、企業に利害を持つ財団（foundations with corporate interests）、営利財団（commercial foundations）、企業財団（corporate foundations）などと呼ばれることもある。ただし、これらの用語の多くは、すでに特定の目的や意味を持っており、本書の研究対象と一致しない内容が含まれることがある。たとえば、企業財団（corporate foundations）はしばしば、企業が社会的責任（CSR）の一環で設立する財団を意味することがある。同様に、営利財団（commercial foundations）は、営利活動を目的とする組織とみなされることもある。いずれも本書で考察する産業財団とは異なる組織である。

　おそらく最も一般的な用語として、事業財団（Enterprise Foundation）（ホプトとフォン・ヒッペル、2010）があげられよう。これは何らかの事業活動に関わる、あらゆる種類の財団を指す言葉である。そのなかの一部には、事業活動を主たる活動として行っているものが含まれる。デンマークにおける定義はゆるやかで、約4万ドル以上の収入のある財団は事業財団とみなされ、関連法の対象となる。また、大半の事業財団は企業を所有しておらず、財団自らが活動の一部として事業を行い、収益をあげている。ほとんどは規模も小さい。博物館はその一例である。入場券やカフェテリアや売店での物販を事業の一部として行い、収入をあげている。学生を対象に、通常より安い家賃で寮を提供する事業を行う財団や、霊的、精神的な教育を事業として行う財団もある。たとえば建築のような、ある特定の分野に特化した出版事業を行う組織もある。そのうちのいくつかは、政府からの補助金に頼る政府系組織である。これらの組織は、いずれも意義のある活動を行ってはいるが、本書が対象とする財団ではない。本書が扱うのは、大規模な経済活動を伴う、競争的な事業活動を行っている企業を所有し経営する財団なのである。

　このような理由から、本書ではあえて「産業財団（Industrial Foundation）」という用語を用いることとする。なお、この用語は本書独自の造語ではない。本書に至るまでの多くの研究のなかで確立されてきた用語である。ここでは、産業という用語は広く産業による経済活動を意味するものとして使っており、製造業など特定の産業に限定されるものではなく、サービス業、

金融業、不動産業などを含む、多岐にわたる業界を含むものである。

　本書では、産業財団を、少なくとも1つ以上の事業会社を所有し経営する財団と定義する。法的には（クロンケ、1988）、以下のような特徴を持つとされる。

- 寄付行為により設立される（すなわち撤回不能な創設者との分離）。
- 独立性（財団としての法人格）を持つ。
- 利他的な目的を掲げる（創設者を利することを目的とできない）。
- 財団基金がある（所有する企業の株式、および多くの場合、それに加えて流動性の高い資産）。
- 財団組織を持つ（理事会もしくは評議委員会、必要に応じて事務局長および事務局職員）。
- 定款がある（創設者によって起草された、財団の目的やガバナンスの規定を含む憲章）。
- 所有する事業会社の経営権（議決権）の過半を支配する。
- 外部の監督がある（定款ならびに法律に基づいて財団が運営されていることを担保するもの、たとえば、財団の年次報告の提出先となる監督官庁など）。

寄付行為による設立

　産業財団は、財団の創立者（個人）が、自身の所有する企業の経営権を財団に委ねることによって設立される。産業財団の存在は、財団の創設者が、自身が所有する株式を財団に寄付し、所有していた企業の経営権を放棄することを前提とする。この行為は不可逆的とされる。ひとたび実施されると、創設者が再び取り戻すことはできない。この不可逆性は、たとえばアメリカ型の家族信託制度と産業財団が大きく異なる点の1つである。財団は独立した法的主体である。この点で、ほとんどの家族信託は財団とはみなせない。というのも、家族信託はいつでも容易に解散でき、もとの所有者が所有権を回復できるからである。もちろん、そのようなことが許されない不可逆的な信託であれば、ここで定義する財団と同様のものとみなすことができるだろ

う。

　産業財団が設立される動機はさまざまである。創立者が企業の経営を安定させたいという理由もあれば、相続税や富裕税の負担を抑えながら経営権を維持したいという理由もあるだろう。跡継ぎがいないという場合もあるし、社会に還元したいという慈善的な動機もある。これらの目的は、通常は財団の起草書や憲章に明記されている（以下を参照）。

独立性

　財団は私的な制度であり、非政府機関である。財団には、財団を所有する所有者も構成員も存在しない。その意味で、産業財団はしばしば「自己所有組織」と呼ばれる。財団設立の決定をめぐる不可逆性が、このような法人格を財団に与えることによって確固としたものとなる。財団創設者の個人的な経済事情と財団のそれとを明確に分離することが、ここで重要な意味を持つ。これによって、財団は非営利組織となる。ハンスマン（1980、1987）が明らかにしたように、財団は利益をあげることはできても、あげた利益を組織の構成員や理事、執行役、その他の組織の運営に携わる関係者で分配することは許されない。また、外部に財団の利益に与る権利を持つものも、その運営を意のままにできるものも存在しない。

　財団をめぐる独立性は、財団がその創設者やその家族から独立していることも意味する。多くの場合、財団の創設者やその家族は、現役を退いており積極的な関与をしない。産業財団が同族経営の一形態とはならないのである。仮に創設者の親族が現役の経営者であっても、財団の憲章、ならびに関係法により、財団を意のままに操ることはできない。財団法は、財団の理事のうち1名か複数、場合によっては過半が、創設者から独立していなければならないと規定している。

利他的な目的

　産業財団の設立の目的は、慈善活動への寄付や病院の運営など、社会への貢献に資することである。営利企業を所有することも、当該企業の顧客や従業員、およびそれ以外のステイクホルダーに多くの恩恵がもたらされている

場合、利他的な行為とみなされる。ただし、そのような行為は、通常の意味での慈善活動とは区別される。デンマークの事業財団法は、寄付目的（慈善）と行為目的（企業活動）を区別する。3番目の利他的な目的として、創設者の子孫への配慮というものも認められている。その意味では、ここでの利他的という概念がきわめて広範であることがわかる。ただし、財団の目的として、創設者やその直系の親族を利することは許されていない。

ほとんどの産業財団は、たとえば営利企業を所有し、経営することで配当収入を得て、それを慈善活動のために使うといったように、営利活動と慈善活動の双方に従事している。従事する慈善活動にも、さまざまなものがある。定義上、問題となりえるものとして、企業の営利活動への寄付や低利融資などがある。それらは企業への助成であり、商業活動と慈善活動の区別に抵触する。ただしわれわれの知る限り、通常は、そのような行為は行われていない。とはいえ多くの産業財団は、通常の企業所有者と同様、所有する企業が財務上の困難に直面した場合、支援を行っている。

営利を目的とする企業活動が、慈善的な行為や非営利的な要素を含んでいることは、少なくない。新聞社が、社会一般への情報提供を行ったり、政治に関して複数の意見を伝えたりするという高邁な目的を持っていることは、そのいい例であろう。この点をある報道関係者が、「われわれは儲けをあげることで新聞を販売することができるのであって、新聞を販売して儲けるのではない」という表現で示している。

財団基金

財団の独立性は、設立段階で一定の資金の拠出が行われるか、もしくは少なくとも将来、確実に所得が得られることが約束されている（たとえば所有する企業からの配当など）ことが前提となる。ひとたび設立されたら、財団は財政的に問題ない限り、自己永続的な存在となる。原則として、財団は創設者の遺志を継いで永続するのである。

定款（憲章）によるガバナンス

他の財団と同様に、産業財団も、設置目的や組織について規定した定款に

よって、正式に統治される。産業財団は、財団創設者の意志を受け、企業を所有し、これを経営することが定款によって定められる。たとえば定款のなかで、企業への再投資に回してなお残った余剰について、研究や芸術への支援、あるいはそれ以外の慈善活動などの社会的な貢献活動に回すことを規定するのである。もちろん明文化された定款が創設者の意向をすべて体現しているわけではなく、暗黙の了解のなかで行われることも多くある。財団の定款はまた、企業やその従業員、あるいは国益のために活動すべきと明記されていることもある。さらには定款のなかで、財団に、所有する企業の株式の過半を所有し続けることを規定しているものもある。また、定款は理事会の構成についても特定のルールを定めたものが多い。たとえば、理事は自薦が可能かどうかや、創設者の子孫が理事になることを認めるかどうか、などについてである。定款は政府の認可と監督のもとで成立するものであるが、そのような定款の定めに則って、理事会がその裁量をもって定められた責任を果たすのである。財団の定款については、9章でくわしく考察する。

外部の監督

　財団は、その所有者や構成員によって監督されるものではない。産業財団は、政府の監督を受ける。この場合の政府には、たとえば、監督官庁、慈善団体監督委員会、裁判所、税務当局などが含まれる。これらが、財団が法律に則り、かつ、定款に沿って運営されているかどうかを監督するのである（クロンケ、1988）。通常、財団は合本会社（Joint Stock Company）〔共同で出資された会社。株式会社の起源とされる形態〕と同様の監督規制の対象となり、監査済みの年次報告書の提出が求められる。報告書は公開される場合も、監督官庁への提出のみの場合もある。監督官庁は適宜、指導を行う。まれではあるが、理事会が理事に高額の報酬の支払いを決定したり、理事会メンバーの関係者や近親者へ寄付するなどで基金の横領を行ったりするなど、何らかの法令違反が認められた場合、理事会の改組を命じることもある。とはいえ、監督は法令や定款の遵守などの「法的な問題」に限定されるものであり、理事会の経営判断の妥当性をめぐって指導を行うことはできない。

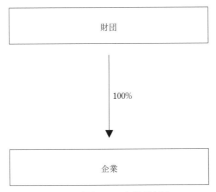

図 1.1　財団による企業所有例 1

民間企業の所有

　ここまでの定義は、広く「財団」をめぐるものと変わらない。ここからは、「産業」に特有のものについて触れることにする。産業財団は、営利企業の過半を所有する財団である。ここにおける定義は機能面に関するものだ。財団が営利企業を所有することをもって、産業財団と呼ぶ。財団の目的が慈善活動をめざすかどうかは、ここでは問題ではない。したがって、「産業」と「慈善」の対立は発生しないのである。実際にはほとんどの産業財団は産業的であり、慈善的である。

　所有する企業については、100％ の所有もあれば、過半の場合もある。ここでの過半とは、議決権の 50％ 以上を意味する。もっとも明らかな例は、図 1.1 に示すような、100％ 所有の場合であろう。いずれにせよ企業は、基本的に合本会社と同様の動きをする。また、合本会社に適用される会社法や税法と同じものが適用される。

　財団以外の少数株主が存在するケースもある。たとえば、以下のウィリアム・デマント社（巨大な補聴器具メーカー）のような場合である。企業は株主全員に対して善管注意義務を負う。株主は株主総会において株主利益を代表する取締役を選任する。しかし、もしも財団が議決権の過半を所有している場合、実際はともあれ、財団が支配的な影響力を及ぼして、すべての取締役を選ぶこともできる。このような状況を、図 1.2 に示す。

　議決権と配当を受ける権利を分離する場合もある。これにより、財団とそ

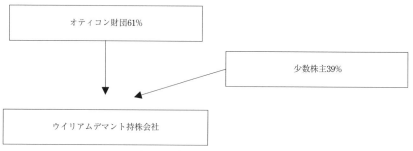

図1.2　財団による企業所有例2

れ以外の株主との興味深い関係をみることができる。たとえば、財団は所有する企業に、一般株主を対象とした制限付きの議決権（B株）を発行させ、財団自身は完全な議決権の行使ができる株（A株）を持ち続けるケースである。これはデンマークでもっとも大きな財団保有企業である、カールスバーグ、A. P. モラー・マースク、ノボノルディスクがとっている形態である。また、創業家が議決権を直接に保有・行使する一方で、配当やキャッシュフローに関する権利を財団に付与するものもある。ドイツのロバート・ボッシュのケースがこれにあたる。

　営利企業を所有する点が、産業財団が通常の慈善を目的とする財団と本質的に異なる点である。営利企業の所有とは、財団が、商業ベース（すなわち競争的な市場）で、商品やサービスを一般の顧客に販売する企業の過半を所有していることである。ここでは商業ベースの活動とそれ以外の活動との厳密な割合などの問題には立ち入らない。ただし、商業ベースの活動が、たとえば売り上げなどで企業の主たる活動となっている点は重要である。したがってたとえば非営利の博物館が書店やレストランを経営し、利益をあげていたとしても、それらが博物館の事業のなかで相当の部分を占めるのでない限り、われわれの関心の対象とはならない。

　最後に、われわれの関心対象は民間の事業活動である。産業財団は民間組織である。それに対し、政府が設立した財団は、公共部門の一部である。博物館、公共住宅、劇場などは財団所有の独立した機関であっても、政府が設

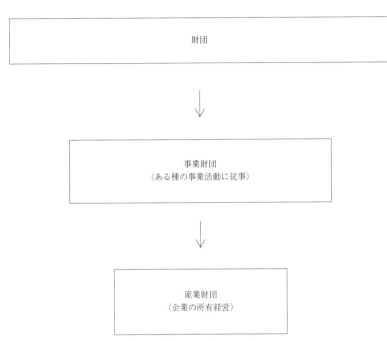

図 1.3　財団による企業所有例 3

立し、運営に関わり、しばしば補助金の対象となっている。これらは社会的なサービスを低廉な価格で提供するのが目的であり、営利が目的ではない。協同組合や社団法人などと関連の深い財団なども、本書の研究対象から除く。たとえば住宅協同組合は、法的には、居住者が共同で設立した財団が住宅を所有し、そのもとで低廉な家賃を実現している。建築家連合は、財団のもとで出版社を設立し、適切な価格で高品質の建築関連図書を出版している。このいずれの例でも、事業活動は二次的な目的といえる。

産業財団の図解

　ここで「産業財団」がなにを意味しているかについてあらためて確認するため、図 1.3 を示しておきたい。

　デンマークには、およそ 1 万の財団が存在する。そのうちの約 1300 が「事業財団（Enterprise Foundation）」として分類され、デンマークの事業財

団法（Danish Law on Enterprise Foundations）の対象となる。そのなかの
ごく一部が事業会社を所有しており、それらが本書で定義する「産業財団」
の特徴を持っている。その数は、約400と推測される。ただし、そのうちの
約半数は、政府や社団法人との関係を持っており、そのための活動を行って
いる。したがってこれらを除いた残り約200が、本書の研究対象の産業財団
である。

産業財団の多様性

　上記のような分類をふまえ、産業財団を「慈善的な産業財団」と「ビジネ
ス財団」に分けることができる。

慈善的な産業財団（Charitable Industrial Foundations）

　タタ財団〔インドの巨大グループであるタタ・グループを所有経営する財団〕
のような財団は、慈善事業を目的とする財団として、たまたま経営権を握る
企業を1つ、またはいくつか保有している。しかし、営利事業を経営するこ
とが財団の使命に含まれると、すべての規制当局が認めているわけではない。
そのため、財団として事業会社を所有する際に、わざわざ慈善的な財団とし
て登記し、当局がそのような財団に課す厳しい条件を受け入れるケースもあ
る。所得のすべて、またはほとんどを一定期間（たとえば1年）のうちに寄
付として処理するといった場合である。財団と事業会社の間に、持ち株会社
を介在させることで、このような問題を部分的に回避することもある。経営
状況や慈善活動の状況により、事業会社からの利益を持ち株会社に蓄えたり、
配当の額を調整したりすることもある。

ビジネス財団（Business Foundations）

　これは、事業を経営することを明確な目標として掲げる財団である。事業
活動それ自身が、財団の主たる目的となる。ここでの事業は、財団の目的を
実現するための手段ではない。事業を経営すること自体が、財団の重要な目
的の一部となるのである。それは、社会に欠くべからざる製品やサービスを
提供することであったり、従業員にとって重要な雇用者であることであった

り、地域社会にとってかけがえのない存在であることであったりする。

　たとえばデンマークなどでは、そのような財団には、配当を慈善活動のために使うことは義務づけられておらず、財団として内部留保を行ったり、事業活動に必要な投資に回したりすることができる。もちろんこれはリスクをともなうものである。というのも、経営それ自体が目的となることで、どんな事業を行っても、財団は正しくその目的を遂行していることになってしまう。そこで、定款に追加的な制約を加えることが多い。たとえば、企業名や業種を特定したり、創業された国に本社を置き続けることを条件づけたりする。

　また、慈善事業と事業活動の双方を目的とするのが一般的ではあるが、事業活動が主たる目的であり、慈善活動は二義的な目的とされる。たしかに大企業が大勢の社員に支払う給与やその雇用の社会的な便益は、小さな慈善財団による少額の寄付など取るに足らないインパクトを持つといえよう。

　もちろん、純粋に慈善活動の観点からは、財団が基金のすべて、もしくはその多くを、特定の営利企業の所有に振り向けることは、企業経営にまつわるリスクを考えると、好ましくないかもしれない。国債やバランスのよいポートフォリオへの安全な投資のほうが、1つの企業への投資に比べてリスクも少なく、慈善活動に回すことのできる安定的な収入を期待でき、好ましいことのように思われるだろう。したがって、慈善的な目的と事業上の目的との間には、一定のトレードオフが発生するのである。

家族財団（Family Foundations）

　創業者の直系および関係の親族の財産を守り、発展させる目的で設立されるのが、家族財団である。家族財団は、事業を所有する場合もあれば、そうでない場合もあるが、本書では、産業財団との対比のため、事業を所有する家族財団について検討することにする。

　相続財産と税法によるところが大きいが、通常、家族財団は、相続税を減らす対策の1つとして設立される。しかし、どの国の税務当局も税の抜け穴を防ぐべく、さまざまな対策をとっている。多くの場合、家族財団を通した遺産相続にも所得税がかけられることになる。税金上の直接のメリットは限

られてきているのである。そのため今日では、家族財団の直接的な目的は、財団という制度的な枠組みを使うことで、相続を受けた多数の家族の利害を効率的に調整して、所有する財産を一体的に管理し、相続を受けた関係者のなかでの利害対立を抑えることなどとされるようになった。この点で、家族財団は財産信託に似た機能を持つといえる。受益権は消滅することもあるし、一定の期間を経て財産は分与されることもある。これらの点で、本書の対象とする財団とは本質的に異なるのである。

とはいえ、家族財団の憲章のなかには、事業会社の所有、創業家の子孫への財政的支援、および残った利益の慈善活動への支出を明記しているものもある。もし、創業家の子孫への財政的支援が、一定の少額に限定されていたり、非常事態に限ることが明記されていたりするなど、財団の主たる目的ではないことが明記されている場合、このような家族財団は、本書が対象とする産業財団の一形態と認めることができる。

財団創設者の類型
財団の創設者がどのような種類の人間か、という点も興味深い。起業家（アントレプレナー）である企業の創業者が財団の創設者となるケースは、親族に株を相続させるかわりに財団を創設することを意味する。これは、創業者の個人的な自己犠牲のうえで成立する。これと対照的なのが、創業者以外による設立である。多くの場合、金融の相互法人、貯蓄貸付組合、あるいはそれ以外の金融組織が株式会社化したり、他の組織と合併したりする段階で起こる。その際、それらの組織の株式が財団に寄付されると、財団は株式の保有を通して産業財団となる。金融組織でみられるこのような産業財団の設立は、創業者の篤志行為ではなく、組織の経営陣が相互法人や組合としての意向に基づいて行う行為である。財団として形式的には似ていても、この異なる設立の経緯は、その後のガバナンスや運営に大きな異なる影響を与える。

3番目の創設者は政府である。政府は、公営企業の株式を財団に寄付する「財団経由の民営化」という方法をとることがある。よく知られた例として、本書の第5章で紹介するイタリアの銀行財団がある。そのような財団は、理

事会が政治家や政府関係者から構成され、公益の増進のために活動する。公営企業が形式的には民営化されたといっても、実態が必ずしもともなっていない状況となる。

結論

　財団の所有は、きわめて特徴的なガバナンス構造である。財団の発起人が、企業の支配的な株式を財団に寄付することにより実現する。そして財団の性格は、定款（憲章）の掲げる財団の目的やガバナンス、そして実際の理事会によって大きく決まる。

　ほとんどの場合、産業財団は2つの目的を持つ。1つは企業の所有であり、もう1つは慈善活動である。このうち、より重要とされるのが企業の所有である。そこでは、責任ある企業の所有者として、経営権の行使が重要視される。そのうえで、企業から得られた配当やその他の投資利益を慈善活動に回す。もちろん、これ以外の目的を持つ財団も存在する。たとえば財団によっては、創業家への寄付を目的とするものや、企業の所有と経営に徹して寄付を行わないケースなどもある。

　産業財団は、所有者や構成員が存在しない。基金が底をついたり、あるいは政府が、財団設立の趣旨にそぐわない活動をしていると認めたりした場合を除いて、財団は存在し続ける。財団は同族経営の一形態ではない。創業者が寄付して設立された財団が、創業者が起業した会社の株式を所有し、経営権を持つのであり、その段階で創業家一族の所有ではなくなっている。創業家一族が財団になんらかの影響力を持つことはありうる。しかし、企業の経営権を実質的に握っているのは、創業家一族以外が主なメンバーとなっている財団の理事会である。

　産業財団は政府の組織ではないが、広く社会に属する。政府はしばしば、学校や病院、博物館や研究所など、公益性を持ちつつ独立性も確保すべく、政府の一部門としてではなく公益法人として組織することがあり、その際、財団方式を活用することがある。しかしそのような財団は、自分の組織を収支均衡させるための経営を行うことはあっても、他の民間企業を所有し経営することはない。それらの組織の目的は、あくまでも教育や医療などの公的

な提供なのである。

　産業財団は所有者が存在しないことから、理事会の役割が重要となる。理事会が機能しているかどうかをチェックするのは監督官庁である。財団の定款（憲章）と法律に則って財団が運営されているかどうかを、監督されることになる。

第2章
産業財団をめぐる理論

概観

　この章では、産業財団についての理論を考察する。産業財団が存在する理由はなにか。他の組織形態にはできなくて、産業財団だからできることとはなにか。理論的には、財団が所有する企業のメリット・デメリットをどう導けるか。どのような状況で産業財団は興隆し、どのような状況で衰退するのか。

　一般的な経済学の原理だけで、産業財団を説明することは難しい。そこで本章では、博愛主義や同定（identification）〔ここではアイデンティティの経済学から示される、自己のアイデンティティが特定の行動に結びつくことを指す。詳細は本章の以下の叙述を参照〕、コミットメントなどの概念を用いる。これらにより、産業財団をめぐる新たな経済学的理解が可能となろう。

問題

　産業財団は、非営利（財団）と営利（営利企業の所有と経営）の組み合わせで成立する。アダム・スミス（1776）以来、経済学は企業を「価値の創造」を通して「利益の最大化」を追求するものとしてきた。

　　　われわれが食事にありつけるのは、肉屋が、醸造所が、パン屋が、博愛心を発揮してくれるからではなく、自分たちの利益を追求しているから

である。（スミス、1776）

　企業活動は、企業所有者の個人的な利益追求に基づいている。では財団は
どうだろうか。一方において、財団には所有者が存在しない。理事会は、そ
のメンバーが個人的な利益を追求する場にはなっていない。ここでは、資本
主義の原動力が発揮されないようになっているのである。病院や学校、救護
施設などの非営利団体であれば、そのようなメカニズムは理解できる。これ
らの組織の存在理由は、利益を最大化することではなく、対象となる人々を
助けることにある。しかし産業財団については、どう考えればよいのだろう
か。

　この点は、考察を深めれば深めるほど、謎が深まる点でもある。経済学に
立脚する今日のファイナンス理論によれば、大企業や成長が見込まれる企業
は、株式を発行し、発行された株式の所有が分散化されることを通して、よ
り多くの価値を生み出せる。これにより企業はリスクをとる資本家から広く
資金を調達できる一方、資本家は株式所有の分散を通してリスクを管理し受
容することができる。これは株主にとってメリットがある。慈善を目的とし、
リスクを管理したい財団にとっては、さらに好都合かもしれない。もちろん
企業にとっては、資本調達コストを低くできるというメリットもある。しか
しながら、所有する企業を経営する産業財団にとって、経営権を希薄化する
ことになる株式の発行には限度がある[1]。さらに、永続性が求められる財団
としては、所有する企業の存続は重要であり、そのため、その経営ではリス
ク回避的にならざるをえない。大きなリスクをとれば、リターンも大きくな
るというように、リスクとリターンの間に正の関係があると認められる場合、
産業財団が所有する企業は、利益率も低いことになる。そのような企業であ
れば、仮に財団の経営権に影響の出ない範囲で少数株式を発行したところで、
利益率の低いことが見込まれるばかりか、M&A時におけるプレミアムもき

---

(1)　多くの財団では、定款は傘下企業の経営を実質的に保持し続けることを定めている。
　　それ以外の財団では、この点は明記されておらず暗黙の了解とされているものもある。
　　いずれにせよ、経営権の過半を維持し続けなければ、財団は傘下企業を実質的に経営
　　することができなくなる。この点については、第3章を参照されたい。

わめて低いと株式市場で評価されるのが関の山であろう。すなわち、産業財団が所有する企業は、資本のコストが高くなる。

　さらに企業の存続を重視し、経営破綻を回避しようとすれば、高い資本コストのなかで積極的な借り入れを行うことも難しい。資本の制約に直面するのである。もちろん、このようなリスク回避的で破綻リスクの低い企業は、銀行から低利で借り入れを行うことはできるだろう[2]。このようにみると、ファイナンス理論からは、財団所有の企業は、通常の企業に比べて資本市場を通した資金の調達に制約があり、リスク回避的な経営と相まって成長率も低いと見込まれることになる。

　ファイナンス理論では、リスクとインセンティブの間にトレードオフの関係がある（アロー、1970）。株式市場を通した資本調達は、リスクを分散し、資本調達コストを下げることができる。しかしこれはまた、外部資金の導入によるエージェンシー問題〔後述のエージェンシー理論で示される、株主と経営者の利害対立問題〕に企業が直面することを意味している。アダム・スミスのいう、「他人のお金を使うときは、自分のお金を使うときと同じほど細心の注意を払わない」という問題である。たとえば外部資金は、あまり効率的ではないM&Aに使われたり、いわゆる「ソフトな予算制約」を生み出して組織の規律が緩んだりすることをもたらす。この点で財団所有の企業は、最悪の組み合わせの可能性がある。リスク分散も不十分なら、インセンティブも不十分、というわけである。要は、近代的なファイナンス理論に照らし合わせると、財団所有という形態は企業の体を成していない。それは非効率的であるだけでなく、政府の助成や税制上の優遇でもなければ、長期的に持続可能でもないかもしれないのである。

　しかしながら現実は、このような理論から導かれる通りになっていない。異なる理論的説明が求められる所以である。古くからの言い伝えを使えば、「ミツバチは空を飛べない」という話のようなものである。ミツバチは空を飛ぶにはあまりにも小さな羽根しか持っていないが実際に空を飛んでいる。

---

(2)　同様の理由から、多角化のできていない企業のようにリスクの高い企業への投資を好まないリスク回避型の投資家にとっては、財団所有の企業は魅力的にみえるかもしれない。とはいえこれは二次的な点である。

これは「二次効果」という概念を考慮せずに導かれた分析だ。この例が示唆するように、財団所有の企業についての考察においても、インセンティブの持つ「二次効果」を検討することが重要となる。

エージェンシー理論[3]

　他の条件が一定であれば、エージェンシー理論からは、財団が所有する企業は、リスクとインセンティブをめぐる制約のため、競争力を持ちえず、持続可能ではないと予想される（ファマとジェンセン、1983a、1985）。一般には、所有と経営が一体となっているオーナー経営はインセンティブの観点からは効率的であるのに対し、分散された所有のもとでの経営はリスクの観点から効率的であるとされる。分散された所有のもとでは、経営は所有者の意のままにならずエージェンシー問題が発生しうる。しかし一方で、分散された所有は資本コストを安く抑えることができるという大きなメリットもある。

　企業の規模が大きくなればなるほど、所有の分散と外部資本へのアクセスの重要性が高まることは、よく知られている（デムゼッツとレーン、1985）。企業規模が大きくなり、所有が分散されればされるほど、企業所有者の持つ経営権は希薄化し、オーナー経営のメリットが薄れる。したがってエージェンシー理論からは、財団所有の企業は、その規模があまり大きくないほうが好ましいということになるが、他方で企業規模が小さいと、外部資本へのアクセスが難しくなるというデメリットも受けることになる。ここからいえることは、すでに規模が大きく成熟し、よく連結され経営も安定しているような企業のメリットである。そのような企業であれば、通常、必要な投資を外部資本に頼ることなく自己資本でまかなうことができる。したがって、大企業でありながら外部資本に大きく頼ることなく、財団所有企業としてのオーナー経営のメリットを享受できる。換言すれば、財団所有企業としてすぐれた経営ができるのは、成熟し、よく連結された大企業ということになる。

　ここに、起業家が長期的な観点から、規模が大きくなり、しかも成熟してきた自社の将来にわたる発展を望むのであれば、財団所有という形態が魅力

---

(3)　トムセン（1996）に基づく。

的となることが示される。この点は、実際の財団所有企業をざっとみても納得できる。多くの産業財団は、企業が設立されてから 20 年から 30 年経ったころに、創業者から経営権を引き継ぐ形で設立されている。それらの多くは規模も大きく、企業としても成熟している。他方で、最初から財団所有という形態で企業が創業されることはまずない。また経営がうまくいっていない企業の株を財団に買い取らせて所有させ非上場化するという例もない。

ファマとジェンセン（1983b）は、篤志家と慈善団体の間にエージェンシー問題がありえることを、集めた寄付で私腹を肥やす非営利団体の存在から明らかにした。たとえば赤十字社のような慈善団体への寄付が、（理事への高額な報酬などのような）本来の慈善行為以外の使途に使われる可能性をどのように排除すべきかをめぐる問題である（ハンスマン、1980）。慈善団体をそのような問題の起こらない非営利組織とすることができれば、エージェンシー問題は解決でき、篤志家は安心して寄付をすることができるし、慈善団体はより多くの寄付を集められる。

産業財団はもとよりそのような篤志家からの寄付に基づいて所得を得る組織ではない。所有する企業の経営から収入を得る。しかしこの考察を産業財団に当てはめることで、興味深い示唆が得られる（トムセン、1996）。創業者は、自らが創業した企業の将来の発展を確かなものとすべく、自身の保有する株を創業した企業に寄付することもできる。しかし、もしもその企業に少数株主がいた場合、そのような創業者の企業への寄付は、結果として少数株主の持つ分散された経営権を濃縮化し、少数株主を利することになって、創業者の意図に反してしまう。あるいはそのような行為は、経営に関する監視機能がなくなることを意味し、たとえば取締役の報酬を業績とは関係なく高額なものとするなど、結果として取締役会の好き放題を許すことになるかもしれない。このようなエージェンシー問題を解決する 1 つの方策が、産業財団である。創業者が直接、所有する株式を企業に寄付して企業を非上場化するかわりに、財団を設立してそこに株式を寄付する。そして財団の定款に、所有する株式を処分することなく、株式所有を通して経営を監督することを定める、というものである。

このようにエージェンシー理論を使うことで、創業した企業の持続的な発

展を望む創業者が、なぜ産業財団へ所有株式を寄付することを選択するかについての理由が明らかにできる。しかしこの理論からは、外部資本を容易に調達できない財団所有の企業が、実際にすぐれた経営を行って事業を成功裏に継続し続けることを説明することはできない。むしろこの理論からは、リスク回避的な経営をする財団所有の企業は、通常の営利企業よりも非効率で競争に勝てない可能性が示唆される（ファマとジェンセン、1983b）。

　エージェンシー理論とも整合性を持つもう1つのアプローチは、財団を同族経営の延長とみなすものである。すなわち財団が、創業者一族の経営への関与を承継するメカニズムとなる。財団の定款や国の規制によっては、創業者一族が直接的に報酬を得たり、企業の役員報酬などによって間接的に経済的利益を享受したりすることがある。デンマークについていえば、財団所有企業の約半数において、創業者一族が一定の役割を担っている。いくつかの研究（たとえばアンダーソンとリーブ、2003；アミットとヴィラロンガ、2006）は、同族経営の企業の多くが比較的すぐれた業績をあげていることを明らかにした。財団所有企業においても、同様の経営への長期的なコミットメントが認められるかもしれない。

　ただし、創業者一族が保有する株式を財団に寄付した段階で、創業家が手にすることのできる経済的な利益はきわめて制限される。具体的な法制度の内容にもよるが、多くの国で、財団の理事や役員は、その役割への報酬として認められる以上の所得を得ることはできないし、財団の基金を自分たちの利益のために取り崩すこともできない。自分たちの個人的な利得のために、財団の資金を流用すれば窃盗となり、刑事上の犯罪となる。したがって、創業家一族が財団所有企業の長期的な発展を願う理由は、忠誠や同定など、直接的な経済上の利益以外の何ものかであることになる。この点については、以下でくわしく検討する。

　このように、創業家にとって財団設立後の経済的なメリットは大きくはないとしても、設立前についてはどうだろうか。創業家一族は、財団設立に至るまでに、経営権の一族のなかでの承継を可能とするさまざまな方法をめぐって、そのメリットとデメリットをくわしく検討しているはずである。このなかには、同業他社への株式の売却や株式の上場、それらによる現金化さ

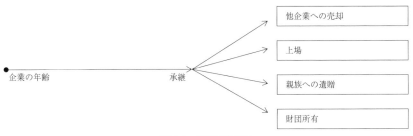

他企業への売却

上場

企業の年齢　　　　　　　　　　　　　　　承継

親族への遺贈

財団所有

図 2.1　承継の選択肢

れた相続の分配と消費、子孫への株式の相続と同族経営の継続、そして財団の設立と設立された財団への株式の寄付、などがある（図2.1を参照）。

　企業所有の承継をめぐるさまざまな方法のどれを選ぶか。その決定を左右する要因の1つが、経済的なメリットである。これらの方法は、企業の売却や株式上場の価格、相続税、財団設立時の相続税などによって、経済上の利得もかかる費用も異なってくる。また理論的にも実際にも、相続人の人数やその意思（とくに同族経営を継続したいかどうか）によっても、その計算は異なる。

　われわれの行動は、完全に経済合理性だけで決まるものではない。したがって、すべてをエージェンシー理論によって説明できるものではない。しかしそうだとしても、経済上の動機を無視することはできない。たとえ産業財団の設立が、経済合理性からは必ずしも十分に説明できないとしても、博愛心に満ちた創業者ですら、企業所有の承継をめぐるさまざまな方法のそれぞれについて、納税額を含む経済的なメリットやデメリットを考慮しながら検討するのである。この点をふまえると、富裕税が高かったり、株式の流通市場が整備されていなかったりする場合、財団に経営を承継させることによって相続税を回避できたり低くできたりすることができれば、産業財団の設立が増加することが理解できる。

　なお、デンマークにおける産業財団の多くは創業者によって設立されているとはいえ、それがすべてではない。これ以外に、少なくとも次のような2つの設立の経緯が確認されている。①相互金融を株式会社化する際、資本準備金の部分を財団化したあとに上場するケース。デンマークやノルウェーの

貯蓄銀行にみられる。②国営企業の民営化にあたって、株式を上場するのではなく、政府が財団に寄付するケース。イタリアの銀行財団でみられる。

利他主義

エージェンシー理論は、自分の利益の最大化を追求する利己的で合理的な人間を前提としている点で、通常の経済学の延長線上にあるとみなせる。他方で、産業財団という存在は、このような経済学の前提と相いれない面を持つ。第一に、自己の利益の最大化を追求する利己的で合理的な人間という前提に立つと、自分の個人的な財産を提供して財団を創設するという行為をどう考えればよいのか。次に、所有する企業からあがる収益を継続的に慈善活動に使うことを目的として財団が創設される点を、どう考えればよいのか。この点は、博愛主義の制度化とすらいえるのではないか。第三に、財団の創設者の多くが、企業の永続的な発展を望んでいる。このこと自体、通常の経済学の前提から逸脱しているといえるのではないか。第四に、財団の運営の鍵を握る理事への報酬も、きわめて常識的な水準である。一部の理事は無報酬ですらある。理事の報酬が、所有する企業の業績や、財団が受け取る収益と連動することはない。したがって理事としての行動も、経済学的な前提とは相いれないのである。

通常、経済学ではこのような状況について、次の2つの異なるアプローチのいずれかに基づいて反論を行ってきた。1つは、既存の経済学の前提をふまえ、そのような行動もじつは利己的な動機に基づいているのだが、これまできちんと観察されていなかった、というものである（ベッカー、1976）。もう1つは、人間の行動が完全に利己的、合理的というわけではない、利他的、博愛主義的な行動もありうることをまず認める、というものである。そのうえで、実際問題として、市場における人間の行動を分析する際に、これまで同様の利己的な人間を前提とすることで多くを考察できる。したがって、このような前提を置くことに信頼性も効率性も認められる、というものである。この2番目の点については、冒頭で紹介した有名なアダム・スミスの一節（1776）や、スミスの若い時代の代表作『道徳感情論』でも明らかだ。スミスは、社会的な厚生を高めようとするとき、直接的な利他的（倫理的）な行

動はしばしば裏目に出る、市場の機能（見えない手）を使ったほうが効率的
だ、と結論づけている。

　博愛主義に基づく行為も、自己の利益の最大化を追求する利己的で合理的
な人間という前提に基づいて説明できるという第一の反論は、産業財団の設
立について、次のように当てはめることができる。それによれば、高額の富
裕税や相続税が課せられる北欧諸国で産業財団の設立が顕著だ、という事実
とも整合的だという（トムセン、1999）。すなわち、1980 年代中頃のデン
マークの税制改革の実施以前、企業の創業者たちは、財団を設立し、所有す
る自社株を財団に寄付することで、高額の相続税やキャピタルゲイン課税の
支払いを回避していた可能性があるというものである。財団設立後も創業者
たちは、その運営に一定の影響力を行使できるばかりか、寄付という行為を
通して、名誉や社会的な地位も得ることができる。もちろん財団や企業の理
事や名誉職として、一定の報酬も得ることができる。定款の規定にもよるが、
財団が創業家一族に対して一定の寄付行為を行うことすらできる。したがっ
て財団設立も、私利私欲の追求という経済学の前提を変えることなく説明で
きる、というものである。

　しかし、財団についての考察を深めるなかで、このような見方は不適切だ
ということが示せる。第一に、税制上のメリットは実際にそれほど大きくは
ない。遺産相続の段階では、一定のメリットが認められるとしても、たとえ
ば財団を迂回して創業者が所得を得ようとしても、あるいは創業家一族が生
前贈与を受けようとしても、結局は相続税よりも高い税率の所得税が徴収さ
れる。第二に、実際の産業財団における創業家一族への資金の流れをみても、
それほど大きくないことが明らかである。ある実証研究では、寄贈した額の
どれほどが創業家に還流しているかを示す還流率はごくわずか（数％）にす
ぎない（トムセン、1999）。第三に、創業家一族が財団やその所有する企業で
果たす役割はきわめて限定的である。たしかに、規模の大きい財団所有企業
の約半数において、創業家が経営になんらかの関与をしている。しかしいず
れも、取締役会における少数役員でしかない（トムセン、1999；ハンスマンと
トムセン、2013a）。

　より重要なことは、人間の利他的、博愛主義的行動を否定する議論は、生

物学的な考察からみても、すでに破綻している可能性があるということである（ウイルソン、2015）。それによれば、利他的行動は動物に広く認められるものである。したがって、人間だけがそのような行動をしない、と考えることのほうが困難である。もちろんこのような生物学的考察も、アダム・スミスの指摘する、そのような利他的行動が必ずしも、社会的な問題を解決するうえでのもっとも効率的な行動とはいえないという点を否定するものではない。

　近年、利他的行動についての考察が積み重ねられてきた（トムセン、1999）。遺族への遺産贈与（ベッカー、1991；バッロ、1974）に加え、業界団体（スターク、1995）や慈善活動（シュピーゲル、1995）、所得移転（コックス、1987）などをめぐる利他的動機が明らかにされてきた。本書の研究対象である財団についていえば、資産効果の存在が考えられる。すでに十分な資産を蓄積している高齢の富裕層にとって、それを少し失うことで得られる企業経営権への限界効用は大きいのに対し、同等の資産そのものへの限界効用は小さいといえよう。この点は、人間の動機について考察した心理学（マズロー、1943；アルダーファー、1972）の考察とも連なる。これらによれば、人間はひとたび基本的欲求が満たされると、地位や自己実現など、より非物質的な動機によって行動することが増えるという。

　利他主義は、慈善活動を行っている通常の非営利組織の多くについては、その存在を説明する重要な動機とみなされている。ニューハウス（1970）は、たとえば病院を運営すること自体を目的とする非営利組織のように、非営利組織は営利組織とはまったく異なる動機や利得を持っていると前提する。この点は、すべてを無償で提供する組織だけでなく、かかった経費を料金として回収する病院や学校などの経費回収型の非営利組織についても同様である。本書が対象とする産業財団についていえば、たとえば多くのデンマークの新聞社は産業財団が所有し経営しているが、それらは営利企業というよりも経費回収型の非営利組織に近いだろう。これらの新聞は、リベラル、キリスト教、保守、独立、など特定の方針に基づく報道という目的を掲げている。より多くの購読者を獲得することは、利益を最大化するという商業的な動機ではなく、より多くの読者に、そのような目的に立ったニュースを届けるため

の使命を果たすという動機に基づいている点で、ニューハウスの考察する非営利組織に近い。同様のことは、一部の金融機関についてもいえる。たとえばマイクロファイナンスを行う金融機関の多くは非営利組織だが、それらが貸し出しを増やしたりその対象を広げたりするのは、利益を最大化するという商業的な動機ではなく、より多くの貧しい人々に、小口の金融サービスを活用してもらうという、非営利的な使命を果たすという動機に基づいているのである。

　しかしながら、事業が拡大し成熟してくると、当初の設立形態や使命などの意義が薄れてくることが多いようだ。多くのマイクロファイナンス組織や貯蓄組合、病院や新聞社などは、その事業活動をめぐって、通常の営利企業と区別がつかなくなってくる。実際、組織形態を改め、営利企業として再出発する例もみられる。さらには、醸造、煙草、海運、不動産など、慈善活動を目的とする非営利組織が所有するにふさわしいといえるかどうかといった業界の企業を所有し経営する産業財団が多く存在している。このような実態をどう考えればよいのか。1つの見方は、どのような産業であれ事業活動を通して雇用し、顧客に価値を提供し、納税している企業は社会的に有益だというものである。しかしこれでは、すべての営利企業は慈善活動を行っていると言っていることになり、「慈善」という言葉の意味が失われてしまう。あるいは、ある産業においては、営利企業を所有し経営することに社会的責任が認められる、という考えもある。この点については、以下の「同定と価値」をめぐる項でもう少しくわしく検討する。

　財団の利他主義は、社会全体に対して向けられたものというよりも、創業した企業に対して向けられたものだという見方もある。比喩的にいえば、企業をあたかも家族や一族の延長に位置づけ、そこに創業者が特別の思いを寄せているというものである。多くの創業者は、自分が創業し、大きくしてきた企業を、社会に対して重要な貢献をしてきた存在だと信じている。また、苦労を共にしてきた社員に対しても、特別な思いを持っている。失敗も重ね、そこから学ぶなかで、すぐれた経営やガバナンスの方針を構築してきたとも思っている。そうであれば、その継続を保障することで、企業の今後の持続的な発展につなげたいとも思っている。企業の継続を通して、創業者やその

一族の名前と偉業を次世代に残すことができれば、それはささやかなりとも不朽の名声を残すことでもあるのだ。

同定と価値

　これまで紹介してきた理論は、なぜ創業者が産業財団を設立するのかについての考察として有用である。しかしそれらは、財団の役員や財団が所有する企業で実際に経営にあたる管理職らが、なぜ与えられた仕事を忠実に果たすのか、についてはなにも明らかにしない。この点については、これら役員・社員が財団や企業への強い思いを持ち、それらのために最善を尽くそうと努力している点に着目する必要がある。ノーベル経済学賞を受賞したハーバート・サイモンの初期の研究を、ジョージ・アカロフやジャン・ティロールらが発展させたアイデンティティの経済学から導かれる考察である（アカロフとクラントン、2000、2005、2008、2010；ベナボーとティロール、2011；サイモン、1947）。たとえば、社会的な地位と結びついた自己実現への欲求の強い人間は、一流とされる組織や、博愛主義者の所有する組織にアイデンティティを認めるかもしれない。これは社会的な同定である。

　医師や大学教授、技師や管理職などのエリート層で形成される職業意識も、組織のアイデンティティを形成するのに重要な役割を果たす。この点をさらに展開したものに、非営利組織を一種の労働者協同組合としてモデル化したものがある（ポーリーとレディッシュ、1973；グレーザー、2002）。これによれば、従業員所有企業やパートナー制の専門職組織と似た組織形態を持つコンサルティング、エンジニアリング、建築などの企業を所有する財団の状況が、そのようなモデルに当てはまる。

　倫理的な行動は、間違いなく、非営利組織をめぐる第三の理論の柱である（ハンスマン、1980；グレーザーとシュライファー、2001）。買い手が、購入しようとしている財の品質について確信を持てないとき（すなわち情報の非対称性があるとき）、市場の失敗が起こる。そのような状況では、売り手は、買い手が気づきにくい方法で品質を落とすことができるからである。したがって買い手は、そのような財の購入をためらう。これは、売り手、買い手の双方にとって好ましからざる状況である。このような状況を回避する手段の1

つが、売り手が非営利組織となることである。非営利組織であれば、営利企業のように、利潤の最大化のために顧客を欺く必要がない。この例を財団所有の企業に当てはめると、興味深い示唆が導かれる。それは、財団が企業を所有することで、所有された営利企業が通常の営利企業ほどには利潤の最大化のために行動しない可能性である。

　この考察は、情報の非対称性が大きいすべての取り引きに当てはまる。たとえば、サプライヤーとの関係や、銀行との取り引き、企業間の提携や労使関係などである。他の条件が同じとき、財団所有企業のほうが、通常の営利企業よりも、従業員や銀行、他の企業との間に存在する暗黙の関係を一方的に裏切るような可能性は少ない。したがって、財団所有という形態は、責任ある企業経営を促す制度としてふさわしいともいえる。もちろん、低コストを盾に競争するライバル企業に対して、財団所有企業は苦戦させられることになる。しかしそのような経営姿勢はまた、消費者や社員、そして社会的な正統性や業界における信頼性など、広くステイクホルダーのなかでかち得る評価につながる。単純な低コスト競争だけがすべてではないのである。

　ということは、財団の所有する企業は、非常にしっかりした組織としての価値を醸成しているといえよう。というのも、財団の定款が、創業者の遺志を正式にも暗黙のうちにも守り、それを承継するからであり、そもそも短期的な利益を追求しないようにできているからである。実際、財団の定款のなかには、社員の厚生や製品の品質などへの各段の配慮を含め、高い倫理的な経営を求めることが明記されていることが多い。

　財団所有企業は、倫理的な価値に忠実に経営される可能性のある、唯一の営利組織形態だといえよう。上場企業であれば、株式は絶えず売買される。たとえばそのような経営方針を持っていた企業を、短期的な利潤を追求する投資ファンドやヘッジファンドが買収したとして、これらファンドが必要に応じてそのような経営方針を転換させることは十分にありうる。あるいはそのような経営方針を持つ企業が、異なる経営方針や組織文化を持つ別の企業と買収や合併で一緒になったのち、それまでと経営方針が変わったり、株主価値により敏感になったりすることもあるだろう。非公開企業は、公開企業よりもより安定的な所有形態を持つ企業として、大株主がそのような経営方

針を良しとするのであれば、そのような経営方針を安定的に持ち続けることができる。しかしそれも、大株主の意向が変わるか、株主構成が変わってそれまでの経営方針と異なる方針が示されるまでの話である。それに対して、財団所有企業の場合、企業を所有する財団の定款に、社会的責任経営のような経営方針に加えて、その企業を所有し経営し続けるということも明記されている。この点で、財団所有企業は、倫理的価値に忠実に経営される可能性のある唯一の営利組織形態といえる。

メイヤー（2013）が示したように、産業財団とは、価値を永続させる仕掛けなのだ。その具体的な中身は、財団の憲章や企業の実態により異なる。企業ごとに、たとえば顧客、研究開発、大胆な市場戦略、社員の厚生、あるいはそれ以外のさまざまなステイクホルダーへの配慮をうたっている。しかしいずれにおいても、それらについてのゆるぎなき長期的なコミットメントが、これら財団所有企業の競争優位の源泉となっていることが多い。というのも、そのような安定的な経営方針は、関係するステイクホルダーが高く評価するものでもあるからである。

長期的視野[4]

理論上は、長期的視野が財団所有企業の競争優位のもっとも強固な源泉として認められるだろう。上場企業は近視眼的だという批判がある（フェルプス、2010；ベア、2011；ロー、2013）。投機的な株価の乱高下（クレマーズほか、2013）、四半期ごとの業績の重視（ケイ、2012）、従業員や顧客との間に存在していたはずの暗黙の了解の破棄（シュライファーとサマーズ、1988）、過少投資（シュタイン、1988、1989；アスカーほか、2011）、短期的な人材の活用（カプランとミントン、2012）、高額で不適切な役員報酬（ラディカとソートナー、2014；バガットとボルトン、2014）などである。

そのような上場企業と対比して、財団所有企業は制度上、長期的な経営をするようにできている。ノーベル賞経済学者のシェリング（1960、2005）の研究によれば、財団という形態は、それ自体、ある種のコミットメントを実

---

(4)　以下はボースティンほか（2014b）に依拠する。

現する機能を体現した存在である。財団が企業を所有する目的として、企業の長期的な発展を掲げているということは、事業の継続が運命づけられることを意味する。法的にも、産業財団は設立基金（したがって所有する企業）を永続させる義務を負う。財団は、その所有する企業から得られる収入を慈善活動に回すが、財団の所有者や構成員というものは存在せず、財団という組織以外に、それらの収入に手を付けられる存在はいない。さらにほとんどの場合、財団の定款に、所有する企業の永続的な発展に資する活動をすることが財団の目的であると明記されている。また、財団所有企業は、財団が株式の過半を所有するか、あるいはそもそも上場しないことにより、市場の影響を受けにくくできている。

　ボースティンら（2014b）が示すように、多くの経営上の意思決定は、短期的な選択肢と長期的なそれとのなかで行われる。たとえば、今期の収入を増やしたり、研究開発費を削って株主への配当を増やしたりするか、それとも研究開発を継続するか、といったような選択である。財団所有企業では、後者のような長期的な視野に立つ意思決定のほうが多いと考えられる。非営利で永続的という財団の性格からして、短期的な利潤最大化に資する選択肢を選ぶ必然性がないからである。それはまた、財団所有企業の競争優位は、長期的な戦略を実現し、それに沿って投資を行っていくことにあることを示している。

　長期的な経営とは、長期的な視点に立つガバナンスを意味する。ラトナー（1998）、ドゥタとラトナー（1999）、ドゥタとサンダラム（2001）によれば、企業の存続に重きを置く経営は、より保守的な資本構成（より多くの現金を手元に置くなど）を持つ。それは、短期的な利潤最大化をめざす企業よりも、投資収益率が低くなっていることを意味するが、他方で、需要の急激な変化への抵抗力も大きく、企業の存続に資するものでもある。永続性を求められる財団所有企業では、短期で業績をあげていない経営者や管理職を解雇する必要はより少なく、収入はより安定的であり、負債比率も低い。それらにより、企業としての永続性が実現できるのである。

　そのような保守的な戦略は、利益率の向上に直接、結びつくものではないかもしれない。しかし長期的な視野に立つ企業は、業績が上下に振れるそれ

以外の企業よりも、結局は優れた業績をあげることが多い。またそのような企業は、長期的な経営を続けるのが間違いないと思われることで、それ以外の企業への効果的なけん制を行うことができる。というのも、それ以外の企業は、簡単には市場から撤退する可能性のない企業との厳しい競争を覚悟しなくてはならないからだ。しかし財団所有企業は、我慢強く、注意深く、リスク回避的な戦略のなかで、停滞や硬直などに陥る可能性もある。財団所有企業の経営者は、このようなプラスとマイナスの両面を慎重に見極めながら競争力を維持していく必要があるのである。

　あちらを立てればこちらが立たずという状況のもと、財団所有企業は企業存続の可能性を高めるために、たとえば上場企業に比べて制約のある資金調達の道を受け入れ、利益率が低くなることを甘受するだろう。とはいえ、もしも持続的な成長が、利益や価値の提供と少なくとも同等かそれ以上のすぐれた戦略だというのであれば、なぜ上場企業もそのような戦略をとらないのだろうか。

　その点についての1つの説明は、通常の企業は、非合理的で近視眼的、短期的な行動をとるが、財団が企業を所有することで、そのような行動を抑制することができる、というものである。心理経済学（ミシェルほか、1972、1989；シェリング、1960）によると、先延ばしすればより多くの悦びが得られるような状況においても、われわれは、すぐに得られるより少ない悦びを選択することがあるという。ミシェルらが行ったスタンフォード・マシュマロ実験（1972、1989）では、子供たちは、今、目の前にあるマシュマロを我慢すれば、より多くのマシュマロがあとでもらえると言われても、目の前にあるマシュマロに手を伸ばしてしまうことが明らかにされた。それだけでなく、そのような状況で、我慢することができた子供たちは、その後の人生において、より高い学力や、より好ましいキャリアなど、明らかにより多くを獲得していたのである。このような時系列でみて非合理的な行動の可能性を、財団所有企業は長期的な視野を経営判断のなかに組み込むことで回避し、組織としてより多くを得ることができているというわけだ。

　別の説明もある。それは、財団所有によってエージェンシー問題を克服できるというものである。これによれば、一見、非合理的で近視眼的な経営こ

そ、合理的な行動の結果だという。上場企業の株を短期に売り抜けて利益を
あげようとする株主にとって、組織の存続や社会への貢献は自分の利益の最
大化に直接はつながらない。そのような株主ばかりだと株主の経営監視にフ
リーライド問題が発生し、監視がおろそかになりやすくなる。そのような
エージェンシー問題を克服する方法の 1 つとして、財団のような長期保有の
株主の存在は効果的であり、少数株主にとってもメリットがあるというもの
である。

　長期的な視野に基づく経営のメリットを引き出すためには、1 つの条件が
ある。それは、財団所有に移行するためには、企業がすでに一定の規模と利
益水準を実現している必要がある、というものである。そうでなければ、ど
れだけ正しい意図とすぐれたインセンティブのもとでも、財団所有企業はう
まく経営がたちいかないだろう。エージェンシー理論に基づく議論を延長す
れば、財団所有企業として、一定の規模と利益水準を実現していないと不利
であるというだけでなく、より規模が大きく、利益水準も高い企業ほど、財
団所有企業としてすぐれた経営が行われ、より持続的であるという点も導け
る。

制度的な文脈

　ここまでの諸理論の概観は、主に経済学や財務に関する考察が中心であっ
た。本章の残りでは、法規制を中心に検討を進めることにする。このように
いうと、それでは政治学や社会学はどうか、それらは関係ないのかという声
もでるだろう。産業財団が主に北欧を中心とした一部の国々にみられる現象
であることからも、社会のあり方と深い関係があるのではないか。どのよう
な社会的要因が産業財団と関係しているのだろうか。この点について本書で
は、経済学的な考察から導かれる見方とは独立した一連の法規制のあり方が、
産業財団が活発な活動を行うために必要であることを示したうえで、そのよ
うな法体系が成立する前提として、社会にある種の強い規範が共有されてい
ることを明らかにしたい。

1. 法的意義

最初に重要なことは、産業財団という存在を法的に位置づける必要があるということである。一部の国（たとえば中国や、旧共産圏諸国など）では、非営利組織や財団はあまり信用されておらず、きわめて厳格な法規制の対象となり、その結果、企業を財団が所有するということを禁じている。役人にとって、非営利組織と営利組織の組み合わせというのは、しっくりくるものではない。両者は社会的にまったく異なる存在であり、したがってまったく異なる法体系の対象となるべきものなのだ。その観点からは、非営利組織が営利企業を所有し経営するなどとは、ある種の納税回避行為ではないか、という疑念が起こる。よって創業者亡きあと、組織の永続というあいまいな目的のために資本が財団に拠出されるという行為を簡単に良しとはできない。中世において、財団と似た「信託遺贈（fideicommissa）」という信託組織や、カトリック教会の非営利組織が存在した。これらは広大な土地を寄進され、非常に大きな社会的存在となっていった。しかし近代民主社会の到来とともに、それらは時代遅れで非生産的な存在で、社会的な流動性や効率的な土地利用を阻むものとみなされるようになり、その多くは廃れていったのである。同様に社会主義政党も、財団を時代遅れな資本主義の遺構とみなし、共産主義時代の東欧諸国はそれらを国有化していった。今日、中国においても非営利財団は同様に疑いの目で見られている（ホプトとフォン・ヒッペル、2010）。

このように自由、競争、見えざる手、などを信条とする考え方からは、財団は広く受け入れられる存在とはなっていない。社会主義的な信条からも、財団は国家と競合する可能性のある存在として、疑いの目で見られている。蓄積された私的な富を、広く多くの人々が、ではなく限られた人々が支配し管理することへの不信である。

2. 実現可能性

産業財団が発展するためには、企業の創業者たちにとって、自身が創業した企業の将来の所有形態を考え始めたときに、財団という存在が、ある程度、魅力的なあり方として認められる必要がある。たとえば財団所有という形態をとることが、税制やその他の法規制によって、それ以外の形態をとること

に比べて、大幅にデメリットとなるようなことがあれば、このような組織形態は実現可能性がないことになる。たとえば 1969 年にアメリカで起こった財団をめぐる税制改革は、そのような例といえる〔Tax Reform Act of 1969：財団を租税回避で利用しているという批判から、1969 年税制改革法により産業財団が原則禁止となった〕。これにより、アメリカでは財団所有企業の可能性は実質的になくなったのである（フライシュマン、2001；トムセン、2006）。なお、「魅力的」というのは他の方法と比べたときの相対的な意味においてである。たとえば、富裕税の負担が大きいときに、創業者にとって産業財団は事業承継の方法としてより魅力的な手段になる。同様に、法制度が非常に硬直的だったり、逆に機会主義的にめまぐるしく変更されたりする場合、産業財団はその魅力を相対的に低くする。また法規制や一定の外部からの監査などにより、財団の将来世代の理事らが財団基金を流用したりすることを防ぐとともに、彼らが設立の趣旨に沿って財団を運営していくことを促すことも必要である。

3.　インフォーマルな統治

　非常に強い社会的な規範が存在することが、このような財団組織を法的、社会的に認め、維持していくうえで不可欠である。というのも、財団の理事会メンバーは、企業の取締役会のように、経営権を持つ外部の存在による監督や統治を目的としたものではない。社会として、理事会メンバーへの強い信頼が存在しなくては、このような組織形態は持続可能ではないからである。法規制でできることには限界がある以上、社会的な規範による財団のインフォーマルな統治が重要性を持つのではないか、ということである。

　コンヨンとトムセン（2012）の研究によれば、インフォーマルな統治は、社会規範の国際化、組織との同定（上述を参照）、および、金銭的な誘因にかわる、社会的な地位や名声などのような社会的な誘因があって成立するものと考えられている。これらは理論的には、共通の知識や価値観を持つメンバーが社会のさまざまな場面で繰り返し出会い、活動するといった小さな社会としての特徴を持つ社会において、より有効とされるものである。そのような社会においては、

- 非倫理的あるいは無能な行為についてのニュースがすぐに伝播する。
- そのような行為について、適切な社会的な判断に基づく評価が下される。
- その結果、評判ならびに経済的なデメリット、の双方を通した社会的な制裁が、その小さな社会において長く続く。

　北欧諸国は、このような特徴によく当てはまる。いずれも小国であり、経済界のエリートたちは多くの場合、お互いに知己である。民族、宗教、およびその他の点で比較的同質で、共感や連帯、寛容性などを社会的に共有し続けることができる。世界銀行のガバナンス指数をはじめとした多くの調査によると、北欧諸国（およびより広い北部ヨーロッパ諸国）は、一般に社会的ガバナンスの水準や社会における信頼が高く、汚職が少ない（トムセン、2014）。これは、財団組織がこれらの社会で比較的うまく機能していることともつながっていると考えられるのである。

結論

　このようにみてくると、産業財団の設立の経緯と機能、そしてその企業経営における実績について、次のような一連の命題が導ける。それらは、財団が企業を所有することを決定づける要因についての仮説であり、そのような所有形態が企業の行動や業績にどのように影響するかについての仮説でもある。いずれも最終的な仮説として提起するものではなく、検証の対象として提起するものである。

財団所有の決定要因

　どのような要因のもとで、企業が財団によって所有されやすいか。

　国とその法制度——これがもっとも重要な要因であろう。財団による企業の経営権の所有と行使を認める国もあれば、そうでない国もある。また、財団が企業を所有することに税制上の優遇を与えている国もあれば、そうでない国もある。デンマークについていえば、1970年代には明らかに企業を財

団が所有することの税制上のメリットがあった。しかしそれ以降、富裕税が引き下げられる一方、財団への税率が上昇する。その結果、近年において財団はほとんど設立されなくなっている。

　　文化——社会への貢献がより重視される文化もあれば、そうでないものもある。小国、民族的にも同質、かつ強い社会規範を持つ社会では、創業者が社会により多くを還元したいという利他的動機を持ちやすいかもしれない。

　　産業——産業によっては、より利他的な動機を持つ場合があるかもしれない。たとえば生命科学に関わる医療や医薬品産業などである。医療（代表例がアメリカのメイヨー・クリニック〔2021 年の収入が 1 兆 7000 億円、従業員 6 万人を抱える全米を代表する総合病院ネットワーク〕）、製薬（同、デンマークのノボノルディスク）、生命科学研究（同、フランスのパスツール研究所）などの分野で非営利財団が経営に関与する事例が多数みられる。多くの新聞社も同様である。そこでは、利益の最大化よりも社会的な使命が優先される。エンジニアリング・コンサルティング企業、大学など、人的資本が集約し、内部で長年の経験を積み、衆目が一致する人材に経営を託すことが一般的な組織にも、同様の傾向がみられる。ただし、財団所有企業の実際の分布は特定の業界に偏っているわけではない。広くさまざまな業界に存在している。したがって、「業界」は決定的な要因とはみなさないほうがよいだろう。

　　企業特性——財団が所有する企業についての特性も、重要な要因と考えられる。財団所有の企業には、業績のすぐれた企業が多い。というのも、一定の成功を収めた企業を、その創業者が財団に寄贈するという形が一般的だからである。また、ある程度成熟し、安定的なキャッシュフローを持ち、ビジネスモデルのしっかりした企業が多いという特徴もある。

　　創業者——創業者が同族経営を望まない、または事業を継ぐ親族がいない、などといったケースにおいて、財団所有が多い。

財団所有の企業行動

　財団が所有し、経営権を握る企業は、そうではない通常の企業と、どのような点で企業行動が異なるか。

　長期的視野——上場企業など株主が経営権を握る企業だけでなく、非上場の同族企業に対しても、財団が経営権を所有する企業のほうが長期的な視野に立って経営を行っていると考えられる。これは財団が永続することを法的に要請されていることや、財団設立の主要な目的に企業の永続が含まれていることと結びついている。すなわち財団は、株式の長期保有の究極の存在といえる。きわめて忍耐強く先を見通し、それに基づいて研究開発投資や人的投資を行うことを求める。同様に、管理職や社員に対しても、長期的な観点から評価を行う。これは、リスク回避的な経営につながりやすいということでもある。資本市場からの資金の調達が通常の企業よりも難しいことにもつながる。他方で、リスクの大きな投資や、レバレッジのかかった投資は、通常の企業よりも少ないだろう。M&Aも少なく、成長率も低いかもしれない。

　社会貢献活動——財団所有企業は、通常の企業よりも、より真摯にステイクホルダーに向き合い、より積極的に社会貢献活動を行い、より倫理的な企業行動をするだろう。したがって、より高い社会的評価を得ることになる。また財団は、その所有する企業が、社会により多く貢献できるような、波及効果の高い投資を行うことを好むだろう。他方で、人材を大切にし、簡単に解雇しない経営を行うことから、人件費は通常の企業よりも高くなるだろう。リスクを好まない保守的な経営方針とも相まって、資本のコストが高くなる。これは資本配分、低成長率、少ないM&Aなどに関係する。

業績

　最後に、財団保有企業の業績が、通常の企業のそれと異なるかどうかについてである。

　利益率——理論的には、一般の上場企業に比べて低くなりがちであろう。

ただし、長期的な観点からの経営によるメリットが、短期的な利益を追求していないというデメリットを補うものと考えられる。またこれまでの実証研究では、業績の差はほとんどないというものが多い。したがって、現段階での仮説としては、どちらともいえない、としておく。なお、財団所有企業の持つ強みと弱みは、企業ごとにかなり異なる。長期的な経営のメリットは、より規模が大きく、先を見越した投資を行うことから多くを得られる企業のほうが、そうではない企業よりも大きいだろう。この点とも関連し、製品のライフサイクルが長く、大きな研究開発が重要な産業ほど、業績に結びつくような財団所有のメリットが享受できると考えられる。

第3章
産業財団をめぐる法と監督[(1)]

はじめに

　財団にとって、法規制は重要な役割を果たす。財団には、所有者が存在しないからである。その点で、理事会は大きな使命を持つ。通常の企業であれば、経営権を持つものが、取締役会を通して経営を監督するという公式なガバナンス機能が働く。財団の場合、同様の機能を果たすのが、財団の定款、ならびに財団を律する法律である。財団が実際に法に依拠して運営されていることを確認する作業は、財団の所有者や創設者が行うものではなく、政府の監督官庁が担うことになる。

　この章では、財団をめぐる法規制の重要なチェック・ポイントを確認する。まず、法の策定にあたっての一般的な問題と、それをめぐるいくつかの選択肢について検討する。次に、デンマークにおける関連法規についてくわしく考察する。なお、現在のデンマークの法規制を詳述するのが本章の目的ではない。デンマークの法規制の考察を通して、法規制をめぐる、より広い一般化された論点を明らかにする。デンマークの法規制や監督官庁の実務で、広く参考に供せるものについても言及したい。

---

(1)　本章はトムセン（2014）に依拠する。

制度設計をめぐる問題

　財団にとって、法規制の重要性は、間違いなく一般の企業以上に大きい。というのも、市場の力が財団には働きにくいからである。そのため、いわゆるエージェンシー問題も起こりやすい（トムセン、2014）。財団の創設者、受益者、そして広く社会全体にとって、そのような状況のなかでも財団が、その非営利目的からそれて悪用されず、適切に運営されることが保証されねばならない。非営利目的からそれるようなことが起こると、非営利セクター全体の評判と信頼にも悪影響が及ぶ。産業財団についていえば、財団が経営権を持つ企業もダメージを被るし、社会にとっても損失となる。したがって、適切な監督が不可欠である。

　世界各国の規制監督当局は、時間をかけてその体制を整備してきた。当局は、独立した監査、監査委員会の設置、財務諸表の開示、役員報酬その他に関する理事会の責任、関連組織との取引の制限、利益相反に関する強制力のある施策、出張規定、内部告発、などの整備を求めてきた（エディ、2010；ハンスマン、2010；トムセン、2014）。以下に、政策当局が使ってきた、これらに関する主な規定要因を示す（トムセン、2014）。

1．適法性：非営利財団が営利企業の経営権を所有すること自体が適法か否か。
2．独立した法制度の必要性：産業財団を律する法律は、財団に関する一般的な法規制をそのまま使うことで十分か、それとも独立した別個の法体系が必要か。
3．設立目的の範囲：財団設立の目的に、どのような一定の制限を課すべきか。純粋な慈善活動しか認めないとするか。創設者の親族へのなんらかの利益供与や、（基金として拠出された）企業の事業存続は、設立の目的に含められるか。
4．独立性：財団の理事会メンバーの構成に、創設者や財団から利益を受ける受益者などの意向をどれほど反映してもよいか、あるいはすべきではないか。

5．関係者との取引：関連当事者との取引をどのように扱うべきか。完全に禁止すべきか。監督官庁によるなんらかの許可制とすべきか。年次報告書で開示すべきか。

6．透明性：どのような情報をどこまで開示すべきか。監督官庁に対しての開示で十分か、広く一般社会に対して開示すべきか。

7．資本の保持：財団設立で拠出された株式資本の長期保有はどこまで重要な目的とされるべきか。なんらかのタイミングで株式を売却する選択肢は与えられるべきか。

8．定款の変更：定款の変更や定款のより自由な解釈を、理事会はどこまで許されるべきか。

9．監督権限：だれが財団を監督すべきか。裁判所か、省庁か、税務当局か。

10．監督方法：法的拘束力を持った法律で財団を規制すべきか。ベスト・プラクティスや慣習・規範などで律するほうがよいか。

　デンマークに限らず、財団を所管する当局はどこもおおむね、上記に挙げる項目についての監督を行っている。しかしその具体的な内容は、国によって異なる。その結果、財団の性格が国によりきわめて異なってくる（ホプトとフォン・ヒッペル、2010、p.xliv）。この点は、会社法と際立った対照を示している。というのも、会社法は国による違いがあまりなく、企業がどのような法的属性を持つかについては、法曹界に国を超えた共通の理解が成立しているからである（ホプトとフォン・ヒッペル、2010）。

　たとえば、事業財団のような存在がそもそも許されない国もあれば、フランスのように、きわめて厳しい規制のもとで認められている国もある（デッカート、2010）。財団の設立目的は厳格に慈善活動に限るという国もあれば、その点についてはより柔軟な国もある。創立者やそれ以外のステイクホルダーとの関係についても、創業家の一族が理事会メンバーの過半を占めることの是非についても、定款の柔軟性についても、財団がどの程度、リスクのある事業に関与できるかについても、また財団を監督すべきは司法官庁か行政官庁かについても、国により異なる考えが存在し、それにより異なる法体

系が整備されることになる。

デンマークの法規制

　前項で明らかにしたような問題について、どのような法律を整備すればよいかを考えるうえで、デンマークの事業財団法は参考になる興味深い事例となっている。

　多くの国で、産業財団のような財団の存在自体は許されている（ホプトとフォン・ヒッペル、2010；Erhvervsudvalget〔産業財団法委員会〕、2012；Landeundersøgelse〔同・調査報告〕——以下、LUと記す、2012）。しかしデンマークの法律が特徴的なのは、ほぼすべての事業活動が認められている点、および産業財団のような財団に特化した法体系を整備している点、であろう（LU、2012）。デンマーク以外のほとんどの国では、財団に関する法律は１つにまとめられており、それがさまざまな種類の財団に適用されている。それに対して、デンマークでは産業財団を含む、いわゆる事業財団（すなわち、営利企業の経営権を行使することを含めて、なんらかの営利事業活動を行う非営利財団組織）に特化した法律が存在する。そのような法律のもとで、産業財団は、産業財団に特化した監督官庁による監視のもと、年次報告書の開示が義務づけられ、それ以外にも規制がかけられるなど、他の財団よりも厳しい監督を受ける。他方で、投資に関する大きな自由など、通常の財団には許されないようなことが認められてもいる。

　企業も財団も事業活動が認められていることから、デンマークの法律の基本的な考え方は、どちらか一方に有利になるような扱いはしない、ならびに、どちらにとっても事業活動が行いやすいような環境整備を行う、という点にある。この点は、2014年法であらためて明記された（Erhvervsfondsloven〔事業財団法〕——以下、EFLと記す、p.23）。しかし、営利企業と非営利財団は、本来、異なる法的存在である。したがって、このような考え方の是非をめぐっては議論が続いている。フェルトフセンとポールセン（2015）は、取締役会の独立性や、「遵守か説明か」〔経営者の説明責任をめぐるガバナンス・コードの１つ〕などをめぐる上場企業への規制をそのまま産業財団に適用した2014年法について、ガバナンスをめぐる問題の本質が異なっていること

から不適切であると批判している。

定義

最初の重要なポイントは、法律の適用される対象を明確に定義することである。産業財団の定義については、本書の第 1 章で触れた。ここではデンマークの産業財団に関する法律（EFL）の定義をあらためて掲載する。

EFL1.2
産業財団とは、創設者が基金を拠出したあとは拠出を取り消すことができず、かつ創設者から分離された基金を所有し、それをもとに定款で定められた 1 つまたはそれ以上の目的を、創設者からは独立した財団の運営者が、事業活動を行うことにより遂行する法人である。財団以外のいかなる存在も、基金に対して、その一部でも所有権を行使することはできない。

EFL2
次のような事業活動を行うとき、財団は事業活動を行っているとみなされる。（1）商品や無形資産、サービスなどの販売を定期的に行うこと、（2）資産の売却や賃貸を行うこと、（3）事業会社を指揮監督すること。

なお本書では、事業財団（enterprise foundation、erhvervsfonde、erhvervs-drivende fonde）の一形態で、事業会社の経営権を正式に掌握しているものを産業財団（industrial foundation）と呼ぶ。これは、慈善活動の一部として営利の事業活動を行っている小規模な財団と区別するためである。本書ではあくまで、財団が事業会社の経営権を掌握しているというガバナンス構造に焦点を当てて考察する。

デンマークの会社法では、経営権の掌握を実質的な影響力と定義し、以下のように規定している（会社法 7 条 2 項）。企業の所有者が 50% 以上の議決権を持つとき、所有する企業の正式および実効的な支配を行っていると認められる。少数所有の場合でも、株主間の合意、あるいはその他のなんらかの

理由で取締役メンバーを任命することができる場合や、年次総会における議決権の 50% 以上を集約できる場合、（オプションやワラント債など）支配権への変換が可能な条件付請求権を所有している場合も、企業を実効支配しているとみなされる。なお、本書で取り上げる「産業財団」については、明快な議論を行うため、50% 以上の議決権を持ち、企業を正式かつ実質的に支配しているものとする。

　このような法的定義をめぐる議論は、一見、退屈なものにみえるかもしれない。しかし定義から逸脱している団体には法人格が与えられず、したがって法的根拠を持つ事業活動が行えないことになる（同 30 条）。これは、組織に対する死刑宣告のようなものだ。そのような組織の役員は、法人格が認められていない組織の行うあらゆる取引について、個人的な責任を負わなくてはならない。したがって、定義自体が、きわめて有効な規制手段となる。定義をゆるやかなものにしたり、厳格なものにしたりすることで、規制当局は財団がなにをでき、なにができないかを決めることができるし[2]、これまで規制されていなかった組織について、これを規制の対象とすることができるのである[3]。規制当局の権限については、のちにあらためてくわしく考察する。

法人格

　デンマークにおける財団の法人格は、英米の慣習法のもとでの信託組織（trust）とは一線を画すものである。もちろん欧米の信託も、その一部は、ひとたび寄付行為が行われると解約できない基金をもとに設立され、独自の

---

(2)　フェルトフセンとポールセン（2015）は、1 つの例として、デンマークの財団規制当局が使う「独立性」を挙げている。これは当初は単純に財団が理事会を持つことを意味していたのが、当局の法の解釈がコーポレートガバナンスの観点からの独立性へと変遷するなか、創業者から独立した理事会メンバーが含まれることとされるようになった。デンマーク以外の国では、創業者と財団とが経済的に分離されていれば、独立した理事会がないことも、また財団の理事会が創業者によって支配されていることも、認められていることが多い。

(3)　もう 1 つの例として、基金の最低金額をめぐる規制がある。規制当局は、より多くの財団に網をかけるべく、インフレやそれ以外の経済的な影響を考慮せず、長らく規制対象を基金が 30 万クローナ以上（第 31 条）の財団としてきたと考えられている。

理事会を持ち、基金や所得を自己所得としないものもある。納税する信託組織もある。それらはデンマークやその他のヨーロッパ諸国の財団と近いといえる。しかしそれら慣習法のもとで成立している信託組織のほとんどは、事業を行う企業組織を所有・経営していない。

不可逆性

　これも財団を定義する重要な特徴である（クロンケ、1988）。不可逆性により、財団が家族信託（family trust）と区別される。というのも、家族信託では資産は一時的に預託されている状態であり、必要に応じて親族に返還されることが可能だからである。財団は企業とも異なる。企業には株主がいて、利益についての残余請求権を行使したり、（経営を監督する取締役会の選任などを通して）支配権を行使したりする。財団は組合のような社団法人組織とも異なる。社団法人はそれを組織したメンバー（組合員など）が自分たちのための理事会を組織する。場合によって、そのような理事会は社団法人の活動を終了することを決め、出捐金をメンバーに返却することもできる。

設立趣意書（定款）

　これは財団の憲法にあたる。設立趣意書に含まれるべき内容は法律で定められている（この点については、のちにくわしく触れる）。

設立の目的

　これも財団を財団たらしめる重要な要素である。多くの国では、財団は慈善活動を目的とすべきとしている（ホプトとフォン・ヒッペル、2010）。デンマークの法律は、この点について驚くほど柔軟である。「事業財団法（Enterprise Foundations Act）」の注釈によれば、目的が明確に定義され、それが法律に依拠し、社会一般の良識に反していなければ、「事業財団はどのような目的を持つことも許される」とされる。また、特定の事業を運営したり、企業を所有してその永続を図ったりすることは、正当な目的であると明記されている[4]。なお、事業活動の目的（企業の永続を図る）と、寄付行為の目的（慈善活動）とは明確に分けられている（EFL、p.68）。

存続期間

財団は「一定の期間」、存続する必要がある。これは実際には、永続的な存続を意味するもので、ヨーロッパ各国の財団を律する法律で広くみられる規定である（ホプトとフォン・ヒッペル、2010）。財団の掲げる設立目的を永続的に果たし続けることが期待されている、ということでもある（EFL、p.38）。現実問題として、存続期間が4〜5年というのは短すぎると考えられているのに対し、10年程度であれば受け入れられている。

創立者から独立した財団経営

これはデンマークの法律でとくに重視されているものである。実際には、理事会メンバーの3分の1程度が、創立者とは利害関係のない独立したメンバーであれば、独立した理事会による財団経営が行われているとされる[5]。

事業活動

デンマークの法律では、この点についてはたんになんらかの商品を販売することと、企業を所有することと規定している。財団が直接行うか、あるいは事業会社を起こして行うかは別として、博物館の売店や、大学生を対象とした相場よりも安い学生寮、党員が定期購読する左派系の新聞、なども含まれる。また、公営住宅財団のような政府系の財団も対象となる。他方で、ほとんど事業活動の実態のない事業財団も含まれる。というのも、現行の法律は、売り上げが年25万クローナ（およそ4.2万ドル）以上であれば事業財団として登記できるからである。

定款

これは財団（産業財団であれ、それ以外であれ）の憲法にあたる。そこに

---

(4)　財団創設者と財団を厳密に分離し、財団創設者やその親族へ利益を供与することを財団の目的とすることは明確に禁じられている（EFL、p.37）。

(5)　フェルトフセンとポールセン（2015）は、このような規定は不必要に厳しいと批判している。というのも、財団設立に関する法律のもとで、すでに創立者と財団とが分離されているからである。

は、財団の目的（使命）、およびその統治（だれが理事か、どのように将来
の理事が任命されるか）が規定されている。

　　第 27 条　産業財団は、以下の内容を含む定款を持たねばならない。
　　(1) 名称、(2) 創設者、(3) 目的、(4) 中核的自己資本、…… (6) 創
　　設者またはそれ以外の特定の人物に対する特別な権利、(7) 理事会の定
　　数と理事の選考方法、…… (10) 余剰金および引当の扱い。

　経験的にいえば、事業財団は資産家の創業経営者だけでなく、企業や組合、
政府機関などによっても設立されてきた。しかしそれらについては、本書の
考察の対象としている、企業の経営権を掌握している産業財団の定義になじ
まない。

　土地、預金、債権など、連結（引当）や分配（寄付）の原資となる所得
（配当）を構成する中核的自己資本（core capital）〔返済義務のない普通株や利
益剰余金などで構成された、Tier 1 と呼ばれる自己資本〕は、今日において時代
遅れの経済概念であろう。かつてドイツで、そのような中核的自己資本を棄
損しないことが企業経営の大原則とされてきたことの名残りかもしれない
（カーステンセン、2010）。しかし今日、企業の株式への投資をめぐり、中核
的自己資本という概念はなじまない。というのも、株主への利益の還元方法
として、配当、自社株式の買い戻し、株式増価のどれを選ぶかの選択は、基
本資本の生み出す現在所得の水準によってではなく、税制やその他の要因に
よって決定されるからである。さらには、今日、多くの会計基準は資産の時
価評価を求めるようになってきており、安定的な当初基本資産としての中核
的自己資本という概念が成り立たなくなってきている。これは慣習法の世界
ではみられない、デンマークを含むヨーロッパの古い法律の名残りであり、
将来的には廃止されるべきものだろう。財団は、その所有者がいないという
状況では、より保守的な財務が求められることは間違いない。しかしそれは、
中核的自己資産という概念を導入しなくても実現できるものである。

　余剰金と引当は、寄付にも連結にも充当できる。事業活動を行う財団の場
合、金銭的な寄付行為ではなく、たとえば船員への宿舎の提供や、広く一般

に開かれた博物館の運営などといった事業活動を通して慈善活動を行うことが多い。

　財団を解散する必要が起こった場合、基金の残余をどう処分するか、という点は、きわめて重要な問題である。あるいは傘下の企業の売却や事業停止に際してどうすべきか。基本的には、財団の設立趣旨に沿って、基金の残余を寄付すべきであろう。しかし財団の主たる設立趣旨が永続的な事業活動の場合は、どうすべきだろうか。財団法の大原則として、創設者に返却すべきでないことだけは明確である。その際の当局の判断は、そのときの経済状況の変化により、財団が定款の定める目的を実現することがどの程度困難か、を勘案したものとなる（EFL、p.123）。

定款の変更

　定款は石碑に刻まれているわけではない。定款を変更することは、規制当局の許可のもとで可能である（第89条以下の「監督当局」を参照）。実際問題として、定款は平均して5年程度で変更されている（トムセンとデン、2014）。とはいえ、設立の趣旨そのものを変更するのはきわめて難しい。法務省の特別な許可が必要である。しかし、設立の趣旨の対象である企業のために必要ということを明確に示すことができれば、監督官庁は現実的な対応を行い、傘下企業の一部からの株式の引き上げ（例：ケミノヴァ財団）や、傘下外企業の持ち分の処理（例：カールスバーグ財団）が可能となるような、定款の変更を認めることがある。

財団のガバナンス

　財団の理事会は、自分たちでメンバーを選ぶことができる。したがって、現在の理事会が新しい理事を選任できるわけである。また、弁護士会や法務省のような外部の組織が理事を選任することもできる。この点についての法的要請でとくに重要と思われる点を以下にまとめる。

● 財団は（社員代表を除き）3名以上の理事から構成される理事会で監督される（第37条）。

- 理事会は、1 人もしくはそれ以上の事務局幹部を選任することができる（第 37 条 2 項）。
- 理事と事務局幹部の双方により、財団の経営組織が構成される。事務局幹部は理事会の構成員となることができるが、理事会の過半を占めることも、議長や副議長となることもできない（第 37 条 3 項）。
- 傘下企業の経営陣も、理事会の議長や副議長となることができない（第 37 条 5 項）。
- 傘下企業の経営者は、その社員を理事会の構成員として指名することができない（第 37 条 4 項）。
- 理事はいかなるときにもその職を辞することができる（第 44 条）。

　実態として、ほとんどの産業財団は専任の事務局幹部を擁しておらず、理事会が自ら、ほぼすべてのことを処理する。事務的な作業については、財団事務局として職員を雇うこともあれば、傘下企業の社員に任せることや、外部（多くの場合、弁護士）に委託することもある。理事会は特定の職務については事務部門に権限を委譲することもあるが、その場合でも最終的な責任を負っている（第 43 条）。傘下企業の社員は、多くの場合、社員代表を財団の理事に選出する権利を行使していない。

　財団の幹部が理事会のメンバーになることが許される一方で、理事会の過半を占めることができないという規定は、コーポレートガバナンスの観点から、取締役会の独立性を求めるデンマークの会社法の影響を受けているといえる。同じ理由で、理事会の議長と財団の最高執行責任者（CEO）を兼務することもできない。1 人の人間に、過度に権限が集中するからである。

　このような一般的なコーポレートガバナンス上の要請に加え、デンマークの事業財団法は、指揮系統の透明性を確保するため、傘下企業の経営陣が理事会の議長や副議長などの役につくことを禁じている。そのような役につくことができれば、理事会が傘下企業の経営を監督することができなくなるからである。同様の理由から、傘下企業がその社員を理事会に送り込むことも禁じている（第 37 条 4 項[6]）。

　理事会メンバーは、内部で選任することができるし（EFL, p.84）、たとえ

ば代議員会など外部から選任することもできる。外部からの選任は、過半数を超えることができない（第37条1項）。

　理事会の独立性を確保する観点から、理事が任期終了後に再任されないことは認められるものの、理事会の過半数による理事の任期中の解任は認められていない（第45条）。

　これ以外の点では、財団の理事会は、企業の取締役会と同等の役割が期待されている。

　　第38条　理事会の役割：産業財団の理事会は、財団の設立の趣旨の実
　　現、ならびに財団の利益の保護に努めなければならない。そのために必
　　要な総合的かつ戦略的な財団経営を行い、必要な事業活動を組織しなく
　　てはならない。記録保持、リスク管理、内部統制、財務報告、幹部の職
　　務遂行の監督、流動性や支払い能力の確保、などについても注意を払わ
　　なければならない。幹部職員を擁しない財団においては、理事会は日々
　　の業務についても、これを担わなくてはならない。

　関連法案の立法者たちが、財団の理事会は、財団自身の利益の保護にも責任があると明記した点は興味深い。財団設立の唯一の趣旨が、傘下企業の永続にあると明記されていても、それが実現するためには、そもそも財団自身が存続することが必要だからである。いくつかの財団が、財団が所有する傘下銀行の株式を担保に借り入れを行い、それを銀行に資金として回していたことがあった。その結果、金融危機が起こったとき、財団自身の存続が危ぶまれることになったのである。第38条は、財団の理事会は、そのような不必要に高いリスクをとることに責任（および法的義務）があることをあらためて明確にしている。財団幹部が意図的に、もしくは意図せずに、財団の利益を侵害した場合、個人として法的義務を負うことが規定されている（第126条）。

---

(6)　2014年より以前に定められた定款において、所有企業の執行役を財団の理事として
　　兼務させることが規定されている場合、これを例外として認めることが第132条7項
　　で定められている。

　財団の行う寄付行為は、企業の支払う配当と同等とみなされる。この点で、企業が資本基盤（capital base）を弱めてまで配当を払うことがないよう求められるのと同様に、財団も必要以上に大きな寄付を行うことがないよう求められているといえる。

　　財団の理事会は、資本の処分（寄付行為や基金の減資を含む）が財団ならびに傘下企業の財務上の健全性を損なわず、中核的自己資本ならびに法的に求められる引当が確保されているよう注意を払う義務を負う（第76条）。理事会は、定款で定める目的に沿った寄付行為を行わなければならないが、一定の金額を留保することも認められる（第77条）。財団は、その定款や規定に縛られることなく、自由準備（free reserves）の範囲内で寄付を行うことができる。

　適切な資本基盤の水準を維持する必要は、債権者保護、ならびに財団の将来的な責任の遂行、の観点から当然である。しかし、組織運営にかかる経費が年間の所得を上回るような小さな財団では、中核的自己資本の水準を維持することは至難の業である。組織運営に基金の一部を回さざるをえず、基金自体が減っていくことになる。そこで、ある段階で残された基金を一括して、財団の設立の目的に沿う寄付に回したうえで財団が解散することが可能であれば、より好ましいだろう。

　デンマークの財団法において、アメリカの財団法が規定するような、寄付行為の最低金額に関する規定はない（第77条）。これは、寄付の金額に下限を設定すると、財団が、その設立の目的としての企業の永続を実現することが困難になる場合があるからである。とはいえ、財団の監督官庁は、財団の寄付の金額について、定款に照らして多すぎる、あるいは少なすぎるとみなされる場合、財団を監督することができる（第42条2項）。

　企業の年次株主総会に相当するものとして、産業財団は毎年、「会計報告会」を開催しなくてはならない。別途の合意がない限り、そこでは、理事会は年次報告を行い、監査役が出席して監査報告を行うことが求められる（第59条）。

創業家の役割

　財団創設者と財団との透明な分離を確保するため、デンマークの財団法は、創業家の権利や理事会への参加について、厳しい制約を課している。

　　第28条　定款で定める寄付行為についての特別の権利は、現存する創業家一代限りとする〔ここでの寄付行為は、具体的には財団から創業家への財政的な還流を指す〕。現存する創業家一代には、まだ生まれていない子弟を含む。ただしその次の世代には付与されない。また、理事としての権限と報酬以外に、特別な権利や収入を財団および傘下企業から得ることは認められない。（第28条2項）

　　第40条　財団の同意なくして、創業家が理事会の過半数をしめることはできない[7]。

　　第80条　財団創設者、理事、事務局幹部、その配偶者や子弟は、特定の業務の報酬として、一般的な水準とみなされる範囲を越えた報酬を受け取ることができない。

　このように、創業家が理事会の少数構成員となることは認められているが、それ以上のこと（たとえば、傘下企業の取締役となることなど）は認められていない。まだ生まれていない子弟を含む現存する創業家一代には、一定の権利が認められている。しかし、それ以降の世代には承継されない。なお、それ以降の世代の子孫も、寄付行為の対象となることはできる。しかしそれ以外の権利は認められない（EFL、p.69）。

社員代表

　35人以上の社員を擁するデンマーク企業では、社員を代表するものは、

---

(7)　財団が企業によって設立されている場合、企業の所有者もしくは幹部が財団の理事会の過半数を占めることは認められない。

取締役会の構成メンバーとなる権利がある。通常、取締役会の 3 分の 1 のメ
ンバーが社員代表である。この権利は、以下に示すように、産業財団にも適
用される。

> 第 64 条　参加企業の社員の代表は、デンマークの会社法の定めるとこ
> ろと同様に、財団の理事会メンバーとなる権利を持つ。ただし、社員代
> 表理事は、傘下企業に関連する理事会の議案についてのみ、参加するこ
> とができる。それ以外の議案については、定款に明記されていない限り、
> 参加できない。また、社員代表以外の理事の指名に参加することもでき
> ない。

なお実際には、多くの企業の社員は、この権利を行使していない。

理事報酬

デンマークの財団法のもとで、財団のガバナンスをめぐり弱点があるとし
たら、その 1 つは、理事会が自らの報酬を決定することができる点であろう。
潜在的には、非常に高額の理事報酬を決定することもできるのである。これ
は理論的には、創業家にとって、財団を隠れ蓑にできる、ある種の抜け道を
提供する可能性がある。しかしながら現実には、報酬額には法律の規定があ
り、また、監督官庁が監督している（第 49 条）。

> 第 49 条　理事報酬は、職務に即した社会通念上の金額を超えてはならな
> い。また、財団ならびに傘下企業の財務状況に鑑みて、納得できる水
> 準でなくてはならない。この点に照らして報酬額が高すぎると監督官庁
> が認めた場合、金額の是正を求めることができる。（第 49 条 2 項）

成果報酬は、財団の報酬体系としてふさわしくないとされている（EFL、
p.85）。この点は、非営利財団に成果主義を持ち込むのは適切ではないとい
う国際的な認識に即したものである。たとえばイギリスの公益信託（charita-
ble trust）では、1994 年になって理事報酬の支払いが認められるようになっ

たが（ホプト、2010、p.550）、イギリスでもそれ以外の多くの国でも、成果報酬は利益の分配の一種であるとして、法律で明確に禁じられている（スタインバーグ、2010、p.106）。理事は、報酬を受け取るのではなく、むしろ財団に寄付を行うことが期待されている場合も多い。ここで共通しているのは、高い水準の報酬を支払わないほうが、財団として事業を円滑に行うことができるという考えである。実際、財団の職員の給与水準も、営利企業の給与水準より低いことが多い（スタインバーグ、2010）。

　妥当な報酬水準を検討するにあたり、規制当局は同程度の規模の財団や企業の報酬水準との比較を行うが（EFL、p.86）、それに加えて、理事会の開催や準備に費やされた時間も勘案する。それをもとに、一部の理事に対して、報酬額の一部を返却するよう命じることもできる（EFL、p.121）。

　記録保持と責任の所在の明確化のため、理事会の議事録には、たんに決定事項だけではなく、議論の経緯（negotiation protocol）が記録される必要がある（EFL、p.96）。必要に応じて、監督官庁は議事録の提出を求めることがある。

監督

　デンマークにおける事業財団ならびに産業財団についての法律は、経済産業省（Min of Business & Economy）のなかの産業庁（Erhvervsstyrelsen）が所轄する（第24条）。同庁は一定の料金を徴収することができ、それが監督業務の経費の一部に充当される（第19条4項）。

　財団の監督官庁の役割は、「法的な監督」に限定される。すなわち、財団法ならびに関連法が遵守され、定款に沿った財団運営が行われていることを求めることにある。したがって、法に基づいて理事会の経営や意思決定が行われている限り、その内容について問いただすことはできない。

　監督官庁はさまざまな情報源からの情報に基づいて責務を果たしている。産業財団は正規の監査が行われた年次報告書を提出（第69条）するとともに、官報で公開しなくてはならない。デンマークの財務諸表法（DFSA、第77条b）では、寄付に関する方針、ならびに主要項目ごとの寄付の明細を年次報告書のなかに開示するか、非公開の場合は、監督官庁にすべての寄付のリ

ストを提出しなくてはならない。また年次報告書のなかで、財団と関係組織との間の取り引きや、財団の幹部や理事に対して支払われた各種の支払い（DFSA、第 69 条 2 項）については、すべて開示しなければならない。

　当局は必要に応じて追加の情報の提供を求めることができる。これには、財団の費用負担による追加の監査も含まれる（第 25 条、第 70 条）。その際に法令違反、もしくは財団の定款に反するようなことが見つかった場合、監査人は当局に直接報告することも義務づけられている（第 69 条 2 項）。当局は監査人に対して、直接、追加的な情報の開示を求めることも可能である。

　法令違反や財団の定款からの逸脱が認められた場合、当局は財団の理事や幹部に対して差止命令を発することができる。財団の理事や幹部が設立の趣旨に反した行為を行っているとみなした場合や個人破産した場合、職務を遂行することが困難とみなした場合、もしくは理事としてふさわしくないとみなした場合に、解任を命じることができる（第 45 条）。まれな場合ではあるが、財団の最高責任者が日々の職務を遂行することができないとみなした場合、その解任を求めることもできる（第 46 条）。またすでに触れたように、理事の報酬が高額すぎると認めた場合、これを下げるよう求めることもできる。

　通常、当局は財団から提出される年次報告書の受領や、定期的なサンプル調査など、受動的な役割を果たしている。しかし、たとえばなんらかの違反が報道されるなどした場合、当局は、財団に追加的な情報を求めたり、面談を求めたりするなど、より積極的な監督活動を行う。

　加えて、財団が定款の変更、解散、理事会の紛糾、法の解釈などで当局に相談に来た場合にも、積極的な役割を果たす。

　財団の解散を含む定款の変更は、当局の認可が必要である（第 80 条）。財団の設立目的の変更による解散の場合、法務省・民事局の認可が必要である（第 89 条 2 項）。理事会との協議をふまえ、当局は不適当とみなした定款の一部を無効にしたり、変更したりすることができる。

　財団の掲げる目的の実現遂行が困難となるような重大な決定（たとえばきわめてリスクの高い事案）についても、当局の承認が必要である。

　当局は、他の産業財団、あるいはその他の財団との合併についても（第 91

条)、(a) 双方の設立目的が似ていて合併が合理的とみなされる場合（第89条2項）、(b) 目的遂行が合弁によって、より効果的に行われるとみなされる場合、(c) 合弁が財団の利益にかなうとみなされる場合、および (d) 定款が合弁を禁じていない場合、これを承認する。

当局の決定に不服の場合、デンマーク商務上訴委員会または通常の裁判所に意義申し立てを行うことができる（第130条）。実際問題として、審議に時間がかかることや、多くの問題は速やかな解決が求められることもあって、ほとんどの場合、決定をめぐる異議申し立てが起こされることはない。

提言——財団ガバナンスに関するベストプラクティス

2014年財団法によれば、すべての産業財団の理事会は、「良き財団ガバナンスに関する委員会」がまとめた、諸問題についての良き財団ガバナンスに関する提言をどう受け止め、それに対応するかについて、明らかにすることが求められている（第60条）。その際、個々の提言について、それを受け入れるか否かを明らかにしなくてはならない。また、受け入れないとした場合、その理由、ならびにどのような代替策をとっているかについても示す必要がある。

「遵守か、さもなくば説明か」というアプローチは、上場企業に知られたものであるが、財団のガバナンスに応用された点は画期的といえよう。2016年から、デンマークの事業財団は16の提言項目について、これを遵守しているかどうか、遵守していない場合はなぜか、またどのような対応をとっているか、を開示することが求められている（以下を参照）。遵守していないこと自体は、違法ではないが、理事会はそのことについて、説明責任を負うことになる。

上場企業の場合、ガバナンス・コードを遵守していないことが問題だと考える投資家は、所有する株式を売却したり、もの言う株主として行動したりすることで、企業の経営陣に対して異議申し立てを行うことができる。しかしそのような道は、財団には存在しない。この点で、「遵守か、さもなくば説明か」というメカニズムの有効性には疑問符が付く。とはいえ、少なくとも、遵守しないことに関する説明付きの開示は、当局の目につくものであり、

当局によるくわしい調査を引き起こす可能性がある。裁判になった場合、理事会の責任の所在について、より厳しい判断が下されることにもなろう。取引銀行やサプライヤーなどのステイクホルダーも、取り引きにあたってより慎重になるかもしれない。財団やその理事たちの社会的な評判にも影響する。とはいえ、これらの点については、よりくわしい研究が必要である。

　以下に 16 の提言を掲載し、それらについての本書としての考察を加える。

　1．財団を代表してだれがどのような内容について情報公開すべきかに関する当ガイドラインを財団が受け入れることが期待される。当ガイドラインは透明性を確保し、ステイクホルダーが必要な、かつ最新の情報を得ることができるためのものである。

　通常は、財団の最高執行責任者（CEO）が情報開示の責任者である。広報部門、あるいは傘下企業の最高執行責任者（CEO）がこの役を果たすことは好ましくない。この点は、財団と傘下企業との間になんらかの意見の違いが存在する場合、とくにそうである。

　2．財団の理事会は、少なくとも 1 年に 1 回以上、財団の戦略、ならびに寄付をめぐる方針を検証すべきである。

　基本的には、多くの財団は明快な戦略を持っている。とはいえ、事業計画や寄付行為については、戦略に沿わない場当たり的なこともみられる。ここで重要なのは、毎年、戦略を変更することではなく、財団、ならびに傘下企業の置かれた状況に鑑み、戦略がふさわしいものかどうかを検証することである。

　3．理事会の議長は、理事会メンバーが 1 人ひとりとしても、またチームとしても理事会に対して優れた貢献を行えるよう、理事会を開催し、組織し、運営することが求められる。

これは明白かつ不必要な提言のようにもみえる。しかしこの提言の意図は、理事長がワンマンで理事会を牛耳ることなく、理事１人ひとりの貢献を引き出すことを求めている点にある。

 4．理事会は、特定の権限を理事長に委譲している場合でも、あくまで理事会として委譲した内容について責任を持って管理監督する必要がある。理事長、副理事長、およびその他の理事との間で、適切な役割分担が実現できることが求められる。

多くの財団は、実際には最高執行責任者（CEO）を置いていない。そこで、理事会の議長にリーダーシップや権限が集まりやすい。当提言はこの点を受け、理事会は議長に従属するのではなく、その責務を十分に把握し、果たすことが求められている点を強調している。

 5．理事会は、その責任を果たすためにどのような能力が必要かについて、継続的に検証し、必要な決定を下す必要がある。

これは、財団のめざす目的を実現するために必要な能力を持った人材を理事として迎え、職務を遂行し続けてもらうことの重要性を強調したものである。上場企業においてすら、時代により変化する取締役に求められる能力をタイムリーに検証し、それにふさわしい取締役を探すようになったのは比較的最近のことである。変化するニーズに理事や取締役の能力を適合させることについては、異論もある。将来のニーズを予測することは困難だからである。理事や取締役として求められる一般的な能力を備えている人材を迎えることのほうが好ましいという考えも一理あるのである。

 6．新しい理事の選考・指名プロセスは、体系的、厳密、かつ透明であることが求められる。

財団の理事は、本人の能力をきちんと検証することなしにオールドボーイ

ズ・ネットワーク〔閉じた旧知の人脈〕のなかで決められてきたという見方がある。これはそのような選考のあり方を戒め、正式な選考プロセスを通し、財団の目的遂行にとって適材を任命することの重要性をあらためて指摘したものである。

　7．理事は、能力と人柄をもとに任用されるべきである。新たな理事の選考においては、変化と継続のそれぞれの必要性を吟味する必要がある。経験、慈善活動、年齢、性別における多様性も考慮しなくてはならない。

　近年のガバナンスの観点からは当然と思われる内容だが、一部の財団には、昔ながらの閉ざされた理事会構成で、しかも任期が長いものもみられる。これは、いわゆる能力主義に立脚した理事会のあり方からそのような理事会構成を戒めるものである。

　8．財団は毎年、年次報告書ならびにホームページにおいて理事会の構成について、その多様性の水準も含めて説明を行うべきである。その際、各理事について、以下の内容を開示すべきである。
　　（ア）氏名と肩書
　　（イ）年齢と性別
　　（ウ）理事に最初に任命された時期、再任の状態、現在の任期の期限
　　（エ）特殊な能力
　　（オ）それ以外の役職（企業の取締役会、他の財団や組織の委員会その他の執行役あるいは独立委員などを含む）
　　（カ）指名の経緯（政府あるいは財団への寄付者によって指名されたかどうか）
　　（キ）独立性（特定の利害関係を持たない第三者かどうか）

　これらの情報の開示は、上場企業の情報開示の流れに続くものである。とはいえ財団の情報開示としては、それまでとは比較にならないほどくわしい

情報の開示という点で大きな転換である。ただし、このような情報を、財団を監督する政府機関以外のだれが利用する必要があるのかという点では、疑問も呈されよう。

9. 産業財団の理事の過半は、直接の持ち株会社を除き、傘下企業の独立取締役または執行役を兼ねるべきではない。

ハンスマンとトムセン（2013a）の研究に触発されて制定された、財団と傘下企業の間に一定の経営上の距離を置くための施策である。これは経営権の所有を通した監督を経営から分離し、財団が傘下企業の経営の監督に専念できるために設けられた。この点については、のちの「財団のガバナンス」の章を参照されたい。

10. 財団の理事会に占める理事の一定数（たとえば3〜4名のうち1名、5〜8名のうち2名、9〜11名のうち3名など）を（利害関係を持たない）独立理事とすべきである。以下に該当する場合、独立理事とはみなされない。
    （ア）過去3年以内に、財団または、その傘下企業の幹部を務めた者
    （イ）過去5年以内に、財団またはその傘下企業から少なからぬ報酬または寄付を受けた者
    （ウ）財団またはその傘下企業と、個人の場合は過去1年以内に、または社員・パートナー・株主・顧客・取引先・取締役・執行役として過去3年以内に、関係を持っていた者
    （エ）過去3年以内に財団の独立監査役であった者
    （オ）過去に12年以上、財団の理事を務めてきた者
    （カ）独立理事とはみなされない個人の親族または近しい者
    （キ）財団の目的に財団創設者または財団への大口寄付者の家族や近親者への支援が含まれる場合、財団創設者または財団への大口寄付者
    （ク）過去5年以内に財団から少なからぬ寄付を受けてきた組織の理

事や役職者

　ここにおける独立の概念は、上場企業のコーポレートガバナンスにおける概念と重なるものである。しかし厳密には、財団の役職者や理事がなにから独立しているのかをめぐっては、通常の企業の場合と異なる場合がある。そこで求められるのは、合理的な判断のできない集団思考に陥ったり必要な変化を避けようとしたりするなど、排他的で閉ざされた理事会に陥らないことである。

　上場企業の取締役会における、独立取締役を過半としなければならないという規則と同様に、半数以上の理事を独立とするということが財団に求められているわけではない。3 分の 1 程度でよいとされている点は注目に値する。その理由の 1 つは、企業と異なり、産業財団の理事には長期的な視野が求められることから、企業の場合よりも長い任期が必要とされることにあろう。

11.　理事の任期は 1 期 2〜4 年とすべきである。

　これは財団の理事会に対する独立性と継続性という、相反する要求を示している。一方において、財団の理事会には一定の新陳代謝とそれによる独立性の維持が求められる。他方で 1 期 1 年の任期とした場合はあまりにも頻繁に理事会メンバーが交代する弊害もあるからである。

12.　理事には定年を設け、それを年次報告書またはホームページで公表すべきである。

　これも上場企業における規定に準拠している。ただし、創業家一族が理事の選任をできる場合などは、この規定の遵守は困難がともなうだろう。

13.　理事会、理事長、および個々の理事を年 1 回、評価するための手続きを定めるとともに、その評価を理事会で審議すべきである。

これも上場企業における規定に準拠している。ただし、規模の小さい財団においては、年1回の評価というのは負担が重く、いささか煩雑である。

14. 理事会は事務局長や事務局員の職務について、事前に決められた明瞭な基準に沿って年1回、評価すべきである。

これも上場企業における規定に準拠している。

15. 理事、ならびに事務局役職者への報酬は、定額とすべきである。ボーナスを含めることはできるが、その場合も、なんらかの会計上の業績と連動したものとしてはならない。報酬は、仕事の量、内容、責任の重さにふさわしいものでなくてはならない。

理事についていえば、これも上場企業のコーポレートガバナンスに準拠している。なお、財団の特徴の1つが、その所得に対してだれも残余請求権を持っていないという点である。その点で、このような業績連動の報酬を好ましくないものとするのは理にかなっている。とはいえ、あえてガイドラインで規定している点は注目に値する。

16. 年次報告において、理事ならびに執行役員が財団から受け取る報酬の総額を開示すべきである。その他の報酬についても同様に開示すべきである。

個人ごとの報酬の開示は、上場企業のガバナンスで報酬額に一定の歯止めをかけることを期待して実施されることに準拠している。ただし、これによって実際に報酬を抑えることができているかどうかについては明らかではない。

結論

産業財団に関するデンマークの法律は、目的や活動を律する点で、おそら

く世界でもっとも自由度の高いものであろう。財団が（ほぼ）あらゆる事業
活動を制限なしで行え、（ほぼ）あらゆる目的を遂行できるというのは、斬
新すぎるように思われるかもしれない。

　他方で、デンマークの産業財団は、世界でも類をみないほどきめ細かい規
制の対象となっており、そのガバナンスについても厳しい要請がある。年次
報告を公開しなくてはならないし、寄付については監督官庁にすべて報告し
なくてはならない。合算された寄付総額は年次報告で開示しなければならな
い。財団ガバナンスに関するベストプラクティス（ガイドライン）のどれを
受け入れ、どれを受け入れていないかについても開示しなくてはならない。
監督官庁は、財団側に必要な費用を負担させたうえで、追加の情報を求める
ことができる。また監督官庁は、法律や定款に反した理事、あるいは職務の
遂行ができないと認められる理事を解任することもできる。財団創設者がな
にができてなにができないか、認められる特典の範囲はどこまでか、につい
ても厳密な規定がある。

　そのような規制が厳しすぎるのかどうかについては、議論がある。フェル
トフセンとポールセン（2015）は、規制が厳しすぎるため、産業財団の新規
設立が促進されなくなっていると指摘する。規制当局は、そのような規制は、
株主総会と似た意味を持つと考えているようである（EFL, p.24）。ただし法
律が当初、明確に意図していた水準とは異なるレベルの規制や監督であるこ
とは間違いない。その点で、事業財団法が将来改正される際は、規制当局の
権限を削減することも必要となろう。

第4章
産業財団への課税

概要

　産業財団は、税をめぐるいくつかの問題を生じさせる。第一に、財団は課税されるべきか。世界中で、慈善活動は非課税である。産業財団の多くは、慈善活動をその目的に含む。第二に、もし財団に課税しなければ、企業の所有形態としての財団がそれ以外の所有形態よりも有利となり、税制上のねじれが起こるのではないか。第三に、課税すべきとしたら、どのような課税が適切か。個人とみなしての課税がよいのか、営利企業と同様の課税がよいのか。それ以外か。この章では、このような問題をめぐり、デンマークの税制を具体例として使いながら検討してみたい[1]。

　最初に、財団をめぐる課税について、賛成、反対の双方の意見を紹介することから始める。次に、1980年代に入って整備された、財団をめぐる税制を検討する。その後、租税をめぐる中立性の観点から、個人や投資家による企業の所有など複数の所有形態を分析する。最後に、産業財団が実際に、どの段階でいくらぐらい納税しているかについて明らかにする。

財団は課税されるべきか

　財団に課税する根拠は、それほど明確ではない。消費に対して課税すべき

---

(1)　ここではデンマークの「財団・組合をめぐる課税に関する法」を参照する。

とすれば、財団はなにも消費していない。慈善活動は非課税とすれば、財団が行う慈善活動は非課税とすべきとなる。所得税として課税されるべきとしたら、対象は財団から寄付を受け取る側であろう。

　財団に課税すべきという議論もある。まず、財団は課税しやすいカモというものだ。企業や個人とは違い、監督官庁の許可なく租税回避のために本拠地を国外に移転することもできない。税当局からみて、扱いやすいというわけである。企業や創業家一族が租税回避のために財団を悪用することを回避すべきという議論もある。租税をめぐる中立性の観点からは、財団が所有する企業が、同族企業や上場企業に比べて、何らかの競争上の優位を持つかどうかを慎重に見極めるべきという議論もある。

　一般論として、慈善財団は世界各地で非課税扱いされている（たとえばホプトとフォン・ヒッペル、2010を参照）。また、非課税の扱いはほとんどの場合、財団に認められているある特定の活動に限られている。一部の国では、財団が商業的な活動を行う場合、非課税の恩典を失うことがある。ただしほとんどの場合、企業の株式を保有することは許されている。

デンマークにおける財団課税[2]

　1986年よりも前、デンマークにおいて慈善財団（慈善活動を目的に持つ財団）は、実質的に非課税扱いであった。慈善活動がどのような状況で行われるものを指すのかについての規定もなく、財団は自由に資本を蓄積することができた（ヌアゴー、2013）。しかし1986年に法律が改正された。

　1986年の法改正の背景には、産業財団の設立が急増していることがあった（ロフト、2013）。相続税やキャピタルゲイン課税、ならびに財産全体に対する課税がきわめて高い水準となり、同族による企業所有や事業承継に大きな負担となっていたこともあると考えられている。産業財団が実質的に非課税なため、また財団を経由した親族への財産贈与が可能なため、事業と経営権の承継を願う創業者にとって魅力的な手段となったのである。1990年代を通して富裕税や相続税が下げられていったこともあり、産業財団を創設す

---

(2)　ここでの議論はヌアゴー（2013）およびロフト（2013）に依拠する。

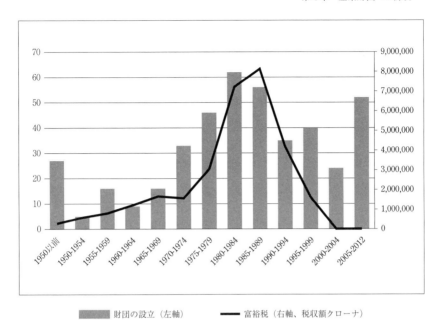

財団の設立（左軸）　　　富裕税（右軸、税収額クローナ）

図 4.1　財団の設立と富裕税

る税制面での誘因が減少した。そのため、近年、産業財団の新規設立は減っ
てきている。

　図 4.1 は、このような展開を示したものである。左側の縦軸は各年代にお
ける財団の設立数を示している。なお、データは 2012 年において存続して
いる産業財団の数であり、当該年に設立された財団の数ではなく、いわゆる
生存バイアスがかかっている。右側の縦軸は、デンマーク・クローナ建ての
富裕税の税収を示している。

　この図からは、1970 年代から 1980 年代にかけて、多くの産業財団が設立
されたことがわかる。これはまた、富裕税からの税収が多かった時代と重
なっている。その後は財団設立の勢いが弱くなっている。近年、また財団が
多く設立されているようにみえるが、最近設立された財団は生存率が高いと
いう点も一因であろう。

　経済的な歪みを起こさないために、財団をめぐる税制上の扱いを中立的に
することは重要である。この点が実現できれば、組織の形態や経営権のあり

方をめぐって、税逃れを動機とした選択が行われることは回避されるはずである。産業財団についていえば、デンマークの税法は財団設立をめぐって税制上の優遇を与えておらず、税制上の観点から営利活動を財団を使って行うインセンティブは認められない。逆に、税制上の理由で財団を回避し、通常の株式会社を選ぶような事態が起こらないよう、税制上の中立の確保に注意が払われている。営利活動に関しては、通常の企業と同様に税負担が求められるというのが大原則である。

産業財団は、持ち株会社と同様、税控除の制度を使うことで実際の税負担を抑えることが可能である。財団は、課税対象の収入から寄付（およびその他の慈善活動に関する費用）相当額を控除することができる[3]（第4条）。さらに寄付1クローナあたり25%の連結控除を受け、準備基金として繰り入れることができる。

財団が株式の75%以上を所有している企業については、企業が行う寄付についても、課税対象の収入から控除することができる[4]。これは不可思議にみえる措置かもしれない。しかし、財団が実質的に所有する企業については、実態として財団と同等とみなして扱っているだけのことである。財団も自ら自由に事業活動を行うことができることから、財団の寄付と企業の寄付をめぐって、税制上異なる扱いを行うと、寄付活動については財団を傘下企業よりも優遇していることになってしまうからである。換言すれば、傘下企業を含む連結利益を計上することができたとして、そこから寄付を控除しているのと同じことなのである。

このような財団設立後の事業活動をめぐる税制とは別に、財団設立に関する税制もある[5]。直感的には、財団の創設者は、その当期利益から慈善活動への寄付を控除できると思われるかもしれない。しかしデンマークの税制の実態は、そのような理解とは異なっている。すでにふれたように、1980年

---

(3) より正確には、産業財団がこれらの税控除を適用できるかどうかは、寄付総額が傘下企業から得る（非課税の）配当を上回っているかどうかによって決まる。いわゆる「財産権法」によるものである。
(4) これはいわゆる透明性を確保するルールである。
(5) ヌアゴー（2015）に依拠する。

	財団の目的		
	親族が受益者	慈善目的	その他
贈与			
キャピタルゲイン課税	42%	42%	42%
贈与税（注 1 ）	11.6%	0%	0%
合計	53.6%	42%	42%
相続			
キャピタルゲイン課税	42%	42%	42%
相続税（注 2 ）	21%	0%	21%
合計	63%	42%	63%

図 4.2　財団への寄付をめぐる課税

（注 1 ：100-42 の 20%, 注 2 ：100-42 の 36.25%）
出典：Nørgaard（2014）

代から 1990 年代にかけての一連の税制改革のもとで、財団設立をめぐる課税は強化されてきた。今日、財団の創設者は、自身が所有する企業の株式を財団へ寄付する場合、キャピタルゲインに対して 42% の税率で、一律に課税される。非上場企業の場合、当該企業についての評価額をもとに株価の相当額が計算され、それに基づいて同様に課税される[6]。

さらに財団の目的が厳密には慈善活動であると認められない場合、財団への寄付は贈与とみなされ、創設者はそれに加えて贈与税を払う必要がある。

寄付が創設者の遺言に基づく遺贈の場合でも、通常の場合と同様にキャピタルゲインに対して 42% の税率で課税される。なお、財団の目的が厳密には慈善活動であると認められない場合、21% の相続税も加算される。

各種のケースについての税率の比較は、図 4.2 を参照されたい。

一言でいえば、財団の未来の創設者は寄贈の種類（贈与か相続か）ならびに財団の設立趣旨（慈善目的かそれ以外か）により、42% から 63% の税率で課税される。これは、財団設立に対する逆風となる。しかし近年、賢明な

---

[6]　厳密には、税制としてはキャピタルゲインの部分への課税が規定されているが、創業者がゼロから起業した場合のキャピタルゲインと当該企業の評価額は同等とみなせる。

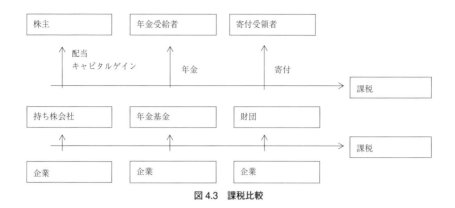

図 4.3　課税比較

会計士の助言のもと、厳密な慈善活動を設立趣旨とする財団を企業が設立することで、税負担を軽減することが可能となっている。

租税をめぐる比較

　産業財団をめぐる税制でもっとも重要な問いは、財団に対する税制上の優遇が、財団傘下企業に、税をめぐりなんらかの不公平な特典を与えていることになるのか、というものであろう。理想としては、どのような組織形態を選択すべきかは、どれがもっとも効率的かという観点から決められるべきものであり、税制上の観点から決められるものではない。すなわち、税制は組織のさまざまなあり方について中立的であるべきだ。

　この点を明らかにするため、企業の所有形態と税制との関係を、図 4.3 のようにまとめてみた。

　非上場企業については、連結法人課税の対象とされ、法人の所有者は配当およびキャピタルゲインに課税される。デンマークの税制では、法人税は 25 ％で、株式からの利益への課税の上限は 42％ である。

　年金基金が所有する企業も、法人税の対象となる。年金基金にも課税される（デンマークでは、1 年を通しての年金運用益に 15％ 課税される）。また年金は所得税の対象である（所得税の上限は 60％ である）。ただし、年金基金の加入者は、基金への払い込みを課税所得から控除することができる。

　財団をめぐる課税では、傘下企業も財団自体も同じように課税される。た

だし財団への課税は、実際には寄付やそれ以外の慈善活動への支出を控除することで、回避されることが多い。なお、寄付や慈善活動を受け取る側は、直接または間接的に所得税を支払うことになる。

このようにみると、産業財団をめぐるデンマークの税制は、持ち株会社への課税と似た構造を持ち、二重課税が起こらないようになっていることがわかる。年金基金への課税よりも税負担は軽いが、年金基金がその設立時に受ける税額控除と同様の控除は、財団の創設時には受けられない。このように、企業の所有形態の違いによって税制が異なってはいるが、産業財団が税制上、とくに優遇されているわけではないことがわかる。また、財団の創設者と財団とを明確に分離することで、財団の創設者が、税制上のメリットを直接に受けることは不可能となっている。税負担の回避だけを目的とした財団の創設は、現実的ではないのである。

ニールセン（2014）は、財団がしばしば大学のような非課税組織への寄付を行っていることを挙げ、財団は税制の対象から遠い存在であるかのような示唆をする。たしかに財団は課税対象となる消費は行わず、寄付行為に徹している。他方で寄付を受ける側は、寄付を所得として計上することで、間接的に、または直接的に課税されることになる。この点は、博物館や大学のような、課税を免れている組織への寄付においても当てはまる。また財団が大学に寄付をした場合、たとえばそれを原資に博士奨学金が支給されたり、研究スタッフを雇用したりした場合、最終的な受益者である奨学生や研究スタッフがその所得に課税されることになる。財団が事務局長や職員を雇用して給与を払えば、彼らの報酬や給与に課税される。財団が傘下企業に再投資を行った場合でも、その投資をもとに、傘下企業が雇用を増やしたりなんらかの投資財を他の企業から購入したりすることを通して課税される。産業財団に対する課税とは、この点で、財団の活動対象の最終受益者への間接的な課税をもって完結しているといえるのである。

デンマークの産業財団は実際に納税しているのか

ヌアゴー（2014）は、上位 110 の産業財団の、2007 年から 2012 年までの納税状況を調査した。それによれば、産業財団の実際の納税額はきわめて少

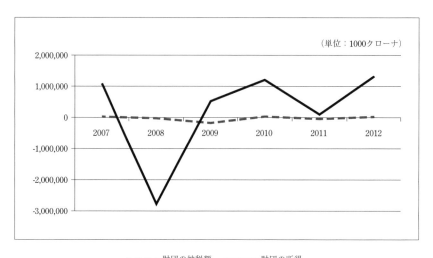

（単位：1000クローナ）

■ ■ ■ ■ 財団の納税額　　――― 財団の所得

図4.4　財団の所得と納税

ない（図4.4参照）。ある財団が評価損を計上していたため、この期間を通しての累計納税額はマイナスになっていたほどである。当該6年間の納税額の最高は、15億クローナの所得に対して課税された1億6700万クローナであった。同じ時期の寄付総額は205億クローナであった。最上位20財団の納税額は、33億クローナの所得に対して7000万クローナで、寄付総額は179億クローナであった。

　財団が所有する110の企業は、同じ期間中に平均して所得に対して22%の税金を納税している（図4.5参照）。つまり、通常のデンマークの法人税25%よりも少ない税率で納税していたことになる。これらの企業は事業の多くをグローバルに展開しており、その影響も考慮される必要がある。合計すると、これらの企業は2007年から2012年までの6年間に、石油税を含み870億クローナを法人税として納税している。なお、同期間の石油税を除く通常の法人税は470億クローナである。

　このようにみると、産業財団は財団としての納税額は少ないが、傘下企業として納税を行っている。財団と傘下企業を連結でみた場合、通常の企業とほぼ同等の納税を行っているといえるのである。

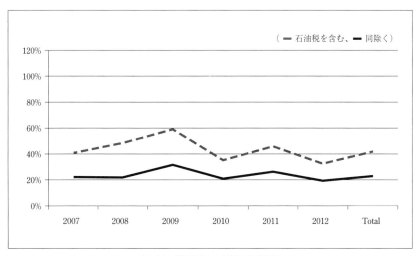

図 4.5　財団所有企業の実効税率

結論

　デンマークに限らず世界中で共通する見方は、財団は非課税扱いであり、財団の創設者は、慈善財団への寄付という形で巨額の税控除を手にすることができるのではないか、というものである。財団が慈善活動を目的としている場合、財団が産業財団（すなわち、傘下に営利企業を 1 社以上持っている）かどうかにかかわらず、そのような見方は妥当なのであろう。しかし、財団が営利活動を行えば非課税の恩恵はなくなり、通常の営利企業と同じように課税される。

　現在のデンマークの税制では、財団の設立時には比較的重い税負担がある。しかし、ひとたび財団が設立されたのちは、その営利事業活動への課税は通常の企業への課税と同水準であるものの、慈善活動への寄付行為を連結することで、実際の納税額がきわめて抑えられていることになる。

　この点について、課税を強化すべきであるという議論もある。デンマーク政府税制調査会（2009）は、次のような勧告を行っている。

　いわゆる税をめぐる透明性ルール（会社税法 3 条 4 項）を適用すべきではない。透明性ルールのもとで財団と傘下企業を分け隔てなく扱う結果、通常

の企業よりも優遇されることになる。というのも、前者は実態としては税法上の特典を受ける財団と同じように扱われているからである。通常の企業は配当の支払いを所得から控除することができないのに、財団所有の企業は、財団への配当の支払いを控除することができる。配当が財団の慈善活動に使われるからといって、そのような扱いを行うのは税の公平性を歪めるものである。同ルールを適用しないことで、財団傘下企業の営業利益に対しても通常の法人税率25%が適用される。これによる追加的な税収は、年間5000万クローナを超えない程度と予測される（ロフト、2013から引用）。

さらにニールセン（2014）は、競争条件の公平性を確保するため、産業財団は企業を個人が所有する場合と同等に課税すべきだと主張している。

他方で、現在の税制が財団設立を阻害しているとして、財団設立時の税率を下げることを求める複数の提案も出されている。税務省の報告書（デンマーク税務省、2014）は相続税を遺産額の20%に引き下げることを提案している。他方で、財団設立を促すインセンティブを低くするための制度変更も求めている。

最近になって寄付税制が政治的な議論の対象となり、その結果、産業財団による寄付への税控除が25%から4%に削減された[7]。

このようにみてくると、税制が産業財団の創成と変遷に影響を与えていることが明らかとなる。富裕税の負担が高く財団が非課税であれば、1970年代から80年代にかけてのデンマークのように、財団の設立が活発になるであろう。逆に（現在のデンマークのように）富裕税の負担が低い一方で財団への相続で高い税負担が求められる場合、新たな財団の設立はみられなくなるだろう。

とはいえ、産業財団を純粋に税務対策の観点だけで理解することは正しくない。財団の創設者が財産を寄付することによって財団が設立される。納税を回避するために、税負担よりも大きな寄付を行うことはありえない。財団は、その創設者や関係者に個人的な利益を提供することが禁じられている。残された遺族へ所得や寄付の形で供与する場合にかかる所得税は、相続税よ

---

(7)　以下のサイトを参照：https://www.ft.dk/samling/20151/lovforslag/171/index.html

りも高くなっている。実態としても、残された遺族が財団から受け取る金額も、財団の慈善活動で行う寄付の金額に比べると少額である。財団の理事会の過半を遺族が占めることもできない。

第5章
世界各地の産業財団[1]

概要

　産業財団は世界各地で存在している。とはいえ、デンマークほど数多くの財団が認められる国はほかにはない。世界でも有数の巨大企業で、すぐれた経営を行っていると認められているもののなかにも財団は含まれている。一部の国（たとえばドイツやスウェーデン）では、この分野に関する研究も行われている。とはいえそれ以外の国では、主にケーススタディや法律研究に依拠することが多い。

　本章において、アメリカを手始めにいくつかの国の実態をみてみることにする。アメリカでは、産業財団はかつて大きな存在であった。しかしその後、アメリカの会社法にとって大きな失態といえるような法改正により、意図的に排除されていった（フライシュマン、2001）。そのなかで唯一残った企業がハーシー社である。イギリスについていえば、ロイズ、ガーディアン、および（かつての）ウェルコム・トラストといった代表的な事例がある。ドイツ、フランス、イタリア、スウェーデン、スイス、オーストリア、ノルウェーは、いずれもすべて、なんらかの方法で、財団による企業所有が認められている。このなかでとくに顕著なのが、ドイツとスウェーデンである。インド（タ

---

(1)　本章の企業情報の調査で補佐してもらったアンナ・ソフィ・アンダーセンに謝意を
　　表したい。

タ・グループ）と台湾（台湾プラスティック）もそれぞれ重要な事例があるため、取り上げることとする。

アメリカ

　法律上は、アメリカにおける財団は、信託、または非営利活動法人として設立することができる。信託は法人格を持ち、財団に関連する法律のもとで規制されているヨーロッパやデンマークの財団とは異なっている。信託も非営利活動法人も柔軟性に富む組織形態で、投資会社、銀行、慈善活動などを含む幅広い経済活動が可能である。アメリカではこのような組織を広く「財団（Foundation）」と呼んでいる。機能上、信託を財団と実質的に同じように組織することは可能である。その際の鍵となるのが、創設者からの不可逆的な分離、独立した統治、そして利他的な設立趣旨、を持つという点である[2]。

　今日のアメリカにおいて、産業財団はきわめてまれな存在となっている。しかし1969年の財団法で財団が企業の経営権を持つことを禁じるようになるまでは、産業財団は珍しい組織形態ではなかった（フライシュマン、2001）。たとえばフォード財団はもともとフォード・モーター社の株式の過半を持ち経営権を握る産業財団として設立されていたのである[3]。

　1969年財団法（アメリカ合衆国下院、1969）は「財団ならびに欠格者（disqualified person）〔非課税扱いを受ける財団の意思決定に影響を及ぼす可能性のある者、たとえば財団への多額の寄付を行った創業家など〕が所有する企業の議決権を合算したときの上限を20％とする」とした。その理由は、「財団の株式保有を通して経営権を行使しようとする少なからぬ者が、財団の目的として掲げる慈善活動に関心を持っていないからである。実際、彼らは事業における成功や競争に勝つことに強い関心を持ち、そのために多くの注意を注ぐ。その結果、財団本来の目的である慈善活動や教育などの活動を遂行することがおろそかになってしまうのである。財団が創設者から一定の独立性を確保

---

(2)　本書第3章を参照。
(3)　かつてフォード社のキャッシュフローに関する権利を財団が、議決権を創業家が保持していたが、これは同社が上場するにあたり大きな障害となった（エリス、2008）。

できている場合でも、創設者の意向をくんで、財団本来の慈善活動よりも、財団の所有する企業の経営にエネルギーを割かれる可能性が大きい。また、非課税の扱いを受けている財団所有の企業と、利益に通常の課税がなされる一般企業とが同じ土俵で競争するのは公平ではない。このような問題に対処すべく、本議会では財団が企業の経営に携わることについて、一定の歯止めをかけることが好ましいと結論づけるものである」。

　同法は、（欠格者の所有分を含め）1つの企業の株式を 20% 以上保有するとき、（非課税扱いの財団にふさわしくない）超過保有[4]とみなして課税することを定めている[5]。具体的には、そのような株式保有が発見された段階で、該当する保有株式の価値の 10% に相当する額が課税される。さらに、課税年度末の段階でなおそのような株式保有が続いていた場合、超過保有分について 200% の課税が行われる。このような課税ルールのもとでは、当然ながら、ほとんどの財団はそのような株式保有を行わない。

　1969 年法は、財団が課税回避手段として使われていることが増えている点に触れ、財団制度を悪用した実際の例を紹介している。

　　A財団は 26 に及ぶ企業の経営権を持っている。そのうちの 18 社は、実態のある事業会社である。1社は大都市圏の大規模かつ積極的な経営で知られる新聞社である。もう 1社はアメリカでもっとも大きなラジオ局である。さらに別の 1社は生命保険業を営んでいたが、1965 年のはじめに他の有力企業へ売却された。このほかにも、木材企業 1社、複数の銀行、3つの巨大なホテル、駐車場、複数のオフィスビルなどを所有していた。これらの資産は主に 1つの都市に集約されており、地域経済に大きな影響を及ぼす一大勢力となっていたのである。

　フライシュマン（2001）は、1969 年法で導入された超過保有をめぐる規定を次のように要約し、それについて批判的な考察を行っている[6]。

---

(4)　合衆国法典第 26 編第 4943 条。
(5)　実質的な経営権を持つものがほかに存在する場合は、35% まで保有することができる。

1．公正な競争の阻害：財団が所有する企業は、財団の非課税恩典のもと、上場企業に比べて低い利益率でも問題なしとされることから上場企業に対して有利であり、競争の公平性が損なわれるという議論が展開されている。しかしフライシュマンによれば、アメリカの財団法はすでにそのような問題を防ぐための施策を導入済みである。

2．慈善活動がおろそかになる問題：財団が、事業会社の経営と慈善活動という、きわめて対照的な目的を同時に実現するのは困難だという議論が展開されている。フライシュマンは、とくに規模の大きな財団においては、複数の部門にそれぞれのスタッフを抱えて財団運営を行っており、そのような議論は当たらないという。

3．個人的な利益に関する問題：財団の創設者が財団の非課税扱いの恩典を使って個人的に利益をあげているという議論が展開されている。フライシュマンは、課税回避は財団に限った問題ではないこと、財団法においてこの問題への対応はすでに講じられていることを指摘している。

4．不十分な配当の問題：財団所有の企業は、上場企業に比べて配当性向が低く準備金が厚くなりがちだという議論が展開されている。しかし財団は慈善活動を含むさまざまな活動を行うために傘下企業からの継続的な配当が必要なわけで、このような議論が妥当といえるかどうかは明らかではないという。

　フライシュマンは「アメリカの超過保有をめぐる規定は、一言でいえば間違った考えであり、偏った対応であると結論できる。当該法は導入されるべきではなかったのではなかろうか」としている（フライシュマン、2001、p.394）。
　リベラルな伝統を持ち、契約の自由を重んじる国で、なぜこのような法律が導入されたのか、理解に苦しむところだろう。正統性をめぐる議論から、「同型（isomorphism）」の欠如を指摘できるかもしれない。財団には市場メ

---

(6)　トムセン（2006）に依拠。

カニズムに基づく組織統治のシステムがなく、意思決定における民主的なプロセスが欠けており、権力の集中が起こりやすい点への懸念である（トムセン、1996）。

とはいえ 1969 年法により、アメリカにおける産業財団は実質的に姿を消したのであり、ほぼ唯一の例外的存在として、ハーシー社を認めることができるにすぎない状態となったわけである。

ハーシー社

ハーシー社は、チョコレートやキャンディーの製造でアメリカを代表する企業である。同社は自己資本利益率が 50% 以上、投下資本利益率がおよそ 20% と高い利益率を誇る企業である。ハーシー社は世界各地に約 1 万 3000 人の社員を擁し、年 71 億ドルを超える売り上げを出している。同社の株価は、長期的にも最近に限っても、S&P500〔アメリカの代表的企業の株価インデックス平均〕を大きく上回っている。慈善活動を目的とするハーシー信託が同社の最大の株主で、約 7.8% の株式を保有しているが、議決権に換算すると 80% である。同信託は経営権の維持を明確に掲げており、実質的に買収を阻止している。

もう 1 つの例は、全米で病院を経営しているメイヨー・クリニックである。

メイヨー・クリニック

メイヨー・クリニックは、1883 年に創設された、全米でも有数の大規模な非営利病院チェーンである。5 万 9500 人を雇用し、年 970 万ドルの収入を得ている。メイヨー・クリニックの経営は、評議委員会による統治のもとで行われている。メイヨー・クリニックは慈善活動を主な目的として掲げており、治癒が可能とみなされる患者については、患者の財政的能力と関係なく治療を行うことが含まれている。

イギリス

イギリスにおける財団は、法的にはヨーロッパにおいて信託とみなされる

形態をとっている。イギリスの慈善信託は、行政府の組織ではなく、立法府であるイギリス議会直属の組織として慈善委員会（Charity Commission）が監督する（フライス、2010）。慈善委員会は、アメリカの監督庁と同様、慈善活動と営利事業が同時に行われることに対して、きわめて懐疑的である。現在、ロイド・レジスター社と、ガーディアン・メディアグループの2社を産業財団傘下企業として認めるのみである。

ロイド・レジスター社

ロイド・レジスター社（LR）は、技術およびビジネス関連のサービスを提供する国際的なエンジニアリング企業で、科学・工学分野の研究と教育を目的とするイギリスの慈善団体、ロイド・レジスター財団が所有経営している。1760年に船舶登録のための協会として発足し、2012年に財団（信託）傘下企業として改組された。同社は今日、10億ポンド以上の売り上げ、1億ポンド近くの利益、9000人の社員を世界に擁している。ロイド・レジスター社は認証や建設や船舶の運用、石油掘削、産業プラントや鉄道などを含むエネルギーや運輸の分野におけるコンサルティングなどを展開している。同社は金融・保険のロイズ社とは無関係である。

ガーディアン

ガーディアンは、GMGガーディアン・メディアグループとして知られ、報道の独立性と買収の阻止を明示的な目的として掲げているスコット信託有限会社によって保有経営されている。同社はイギリスでもっとも大きな新聞社の1つであり、そのオンライン事業部は世界でもっとも多くの読者数を誇っているとされる。同社は長年にわたって赤字が続いており、GMGガーディアン・メディアグループの他の部門からの補填で賄われてきた。GMGグループ自体、2013年から2015年にかけて2000万ポンドの赤字を計上し、資金調達のために一部の傘下企業を売却している。

この両社ともに、強い社会的な使命（慈善）を企業の活動目的として掲げてきた。そのようなこともあって、例外的に産業財団としての存続が認めら

れてきたと考えられている。

　ウエルカム信託も、イギリスの産業財団のもう 1 つの例である。ウェルカ
ム信託は、熱帯病のワクチンを製造してきた。HIV／AIDS に対処すること
のできる化学物質であるレトロビル（AZT）の発見も行った。その後、グラ
クソ社と合併し、グラクソ・ウエルカム社となった（現在は再び社名がグラ
クソに戻っている）。これにともないウエルカム信託は、今日、イギリスに
おける民間部門の研究開発を支援する慈善活動に専念する財団となっている。
なお、グラクソとの合併は、ウエルカム信託にとって最善の決断であったと
されている。

ドイツ[7]

　アメリカやイギリスとは対照的に、ドイツには多くの産業財団が存在する。
代表的な例としてベルテルスマン、ボッシュ、コーバー、マーレ、ティッセ
ンクルップ、ZF フリードリヒスハーフェンなどがある。

　これらのほとんどは、事業の永続を願う創業者もしくはその遺族によって
設立されているようだ。とはいえ、法制度のすき間を利用しようという動機
も認められる（ドラハイムとフランク、2014）。いくつかの家族財団〔第 1 章を
参照〕は、法的責任を有する無限責任社員からなる財団所有の合名会社（Kom-
manditgesellschaft）である。これらは株式の持ち分がなく、利益の配分に
与ることはない一方、企業の負債について責任を持ち、議決権も持っている。
無限責任社員として、財団は傘下企業の経営とリスク負担に対して定額の報
酬を受け取る。しかしその金額はきわめて少ない。このような形態をとるこ
とで、創業家のメンバー自身の責任を限定的なものとすることができるわけ
である。また、（年次報告書などによる）情報開示も限定的な範囲とするこ
とができる。

　ドラハイムとフランク（2014）によれば、産業財団設立のもう 1 つの動機
として、ドイツにおける共同決定法（Co-determination Law〔労使関係をめぐ
り労使による共同決定権を規定〕）の適用を回避することがあげられる。一定

---

(7)　以下はドラハイムとフランク（2014）の研究に依拠している。

数以上の社員を雇用する企業は、同法のもとで共同決定権が義務づけられている。500名以上を雇用する企業では、監査役会〔日本の取締役会に相当〕メンバーの3分の1を、2000人以上の企業では半数を、従業員によって選ぶ必要がある。たとえば流通大手の Aldi や Lidl のような企業は、地域ごとの小規模なパートナー制企業を設立し、その下にスーパーマーケットを所有することで、共同決定権の義務を回避している。家族財団は地域パートナー制企業を傘下に持つ持ち株会社と似た機能を果たしているわけである[8]。

　財団の監督は連邦政府ではなく、州政府ごとに定められる州法のもとで行われる。財団の定款を受理し、その設立を認めるのが州政府だからである。ひとたび財団の定款が受理されると、それを変更するのはきわめて難しい[9]。財団の定款は、財団の目的を定め、その事業活動を規定し、財団経営のあり方を定義する。定款は財団の永続的な活動を保障するものでなくてはならず、財団はその基本財産を守る義務がある。たとえば、基本財産を毀損するような財団の受益者への支払いは認められない。また、財団の保有する株式を売却することも、通常は認められない。

　ドイツ各州で、財団をめぐる法規制に大きな違いが存在するとされている（ドラハイムとフランク、2014）。バーデン・ヴュルテンベルク州は税制上の優遇を与える条件が厳しく、財団が傘下企業の経営に関与しないことが求められる。ボッシュ財団やマーレ財団は、傘下のボッシュやマーレの議決権のない株式を所有する税制上の優遇措置を与えられた財団とは別に、実質的に経営権を掌握する法人を設立することで、このような厳しい規制のもとで、財団による企業経営を行ってきている。

　バーデン・ヴュルテンベルク州のような厳しい規制は、北ライン・ウエストファリア州やハンブルグなどではみられない。そこでは、財団側の人間が参加企業の役員会で大きな影響を行使するなど、慈善財団が税制上の優遇を失わずに経営に参加することが可能となっている。

　なお、多くの場合、財団の事務局長や理事会メンバーなどへの報酬は、き

---

(8)　もう1つの設立動機は、家族財団への経営権の移転による安定的な経営権の掌握にあると考えられている。
(9)　財団の監督を行う各州政府部門が年次報告も監査する。

表5.1　ドイツの財団所有企業 164 社の業績

	財団所有企業	対象群	統計的有意
総資産利益率（ROA）	6.7%	7.5%	小
自己資本利益率（ROE）	15.7%	20.7%	大
総資産に占める財団保有株式の割合	38%	31.9%	大
社員数	624	320	大

出典：Draheim and Franke（2014）

わめて少ない。

　ドラハイムとフランク（2014）は、ドイツにおける財団所有企業の業績が、規模と産業が同等の上場企業の業績と比べてどうか、という点を調査した。それによると、総資産利益率（ROA）は財団所有企業のほうが上場企業よりも小さい（表5.1）。

　総資産利益率（ROA）の差はそれほど大きなものではない。とはいえ産業財団が経営する企業の自己資本利益率（ROE）が上場企業に比べてきわめて低い点は注目される。これはおそらく、一般企業よりも産業財団が所有する企業のほうが、株主以外のステイクホルダーの意向をくむ経営を行っており、そのなかでより多くの従業員を雇用し続けていることや、財団は一般企業よりもレバレッジをかけず、リスクにより慎重な経営を行っていることと関係があると考えられている。

　ドイツを代表する大企業のいくつかが財団により経営されている。それらを以下に紹介する。

ロバート・ボッシュ

　ロバート・ボッシュは、世界でもっとも大きな自動車部品メーカーの1つであり、技術サービス事業や、消費財、エネルギー分野や建設分野でも有力企業として知られている。同社は世界各地で約36万人の社員を擁し、2014年の売り上げが490億ユーロであった。産業財団が同社の一部を所有しているが、創業家もまた同社の一部を所有している。同社の発行株式の92%を保有しているのはロバート・ボッシュ財団である。しかし、その発行株式に相当する議決権を持っているのは、創業家、ボッシュの元経営者、ならびに

産業界を代表するメンバーから構成される理事会によって運営されるロバート・ボッシュ産業信託である。残りの8%の株式と議決権は創業家が直接保有している。同社は堅調に成長を続けており、2014年には、620億ユーロの資産と300億ユーロの株式に対して26億ユーロの税引き後利益を上げている。

マーレ

マーレは、世界でもっとも大きな自動車部品メーカーの1つであり、2015年に世界で100億ユーロの売り上げを計上し、7万5000人の社員を擁している。同社の業績は堅調で、10%以上の自己資本利益率（ROE）、4%の総資産利益率を誇る。同社は近年、積極的な成長戦略をとり、同業のベールを買収し、マーレ・ベールとなった。マーレ社はその株式の99.9%をマーレ財団が、残り0.1%をマベクとして組織された持ち株会社が所有するが、議決権の100%をマベクが持つ。このような所有形態になった理由は、創業家が所有する株式が散逸することなく、創業家の事業承継問題を解決するためであった。マーレ財団はドイツ内外でさまざまな慈善活動も行っている。

ベルテルスマン

ベルテルスマン・グループは1835年に創業された、世界各地でメディア事業を展開する企業である。同社は2014年の時点で11万2000人の社員を擁し、167億ユーロの売り上げを計上している。同社は、ベルテルスマン財団、ラインハルト・モーン財団、BVG財団によって発行株式の80.9%が所有される。残り19.1%はモーン家の所有である。議決権のすべては実質的にベルテルスマン経営管理会社（BVG）のもとにある。同社の近年の業績は好調で、総資産利益率（ROA）は10%を誇る。ただし成長率は低い。

　上記の各社とも、厳密にはデンマークの産業財団と同じではない。いずれも、創業家が議決権を保持し、経営を実質的に続けているからである。その点では、次に紹介するクーバーグループがデンマークの産業財団とよく似ている。

クーバーグループ

　クーバーグループは自動化や工作機械を含む産業機器の製造メーカーである。同社の源流は 1946 年に遡る。その事業は創業者クルト・A・クーバーによって 1959 年に財団所有企業に改組された。現在に至るまで、同社は財団により一元的に所有経営されている。2014 年における同社の業績は 23 億ユーロ、社員数は 1 万 1950 人である。近年は年率 3% から 16% の間で成長を続けている。財務的にも健全で、株主資本 60% という堅実なバランスシートのもと、総資産利益率（ROA）5% を誇る。

　次に紹介するカールツァイスも、ドイツにおけるもう 1 つの例である。

カールツァイスグループ

　カールツァイスグループは光学および光電子産業の代表企業で、1846 年に創設された。同社はカールツァイス財団により 100% 保有され、持ち株会社カールツァイス AG 社を通して経営されている。財団は 1889 年にエルンスト・アッベによって創設された。2013〜14 年の同社の業績は 43 億ユーロの売り上げであった。約 2 万 5000 人の社員を擁する[10]。近年、同社は低成長を続けている[11]。

　興味深いことに、カールツァイスは共産党支配下の東ドイツにおいても財団企業として存続し続けた。同社はかつても現在も、そのすぐれた技術により社会的に高く評価されてきた。そのようななかで、東ドイツ政府は、財団所有という企業形態を国有化すべき資本主義的なものとはみなさず、財団経営を認めていたのである。計画経済の担い手のなかには、共産主義下の企業形態として財団所有を唯一のものとするという考えすらあった。

　この点に関連し、政府と密接な関係にある産業財団の例として、ZF フリードリヒスハーフェンがある。

（10）　https : //www.zeiss.com/corporate/en/about-us/present/about-zeiss.html

（11）　https : //www.zeiss.com/corporate/en/about-us/present/about-zeiss.html

ZF フリードリヒスハーフェン

ZF フリードリヒスハーフェン AG は自動車部品メーカーである。同社は 2015 年 5 月に同業の TRW オートモーティブ社を買収して 40 か国で事業を行う現在の形となる。同社はその 93.8% をツェッペリン財団が、残り 6.2% を Dr.ユルゲンおよびイルムガルド・ウルデラップ財団が保有する。ツェッペリン財団の運営はフリードリヒスハーフェン市に委ねられている。2014 年の同社の業績は 300 億ユーロの売り上げで、社員数は 13 万 4000 人である。

最後に、部分的に産業財団が所有経営する例として、製鉄で有名なティッセンクルップ社を紹介する。

ティッセンクルップ

ティッセンとクルップという、それぞれの創業者が始めたティッセン社とクルップ社が 1999 年に合弁して発足した産業グループである。最大の株主は、アルフレッド・クルップ・フォン・ボーレン・ハルバッハ財団で、議決権の 23.03% を所有している。アルフレッド・クルップ・フォン・ボーレン・ハルバッハが死去した際、クルップ家が持つ株式すべてを拠出して財団が設立された。同社は 2013〜14 年の時点で社員 15 万 5000 人、売り上げ 410 億ユーロである。近年、同社は多くの経営上の課題に直面し、成長率もマイナス 15% から 4% で、総資産利益率（ROA）も過去 13 年の平均が 2% 程度と低い[12]。

フランス

そもそもフランスでは、財団自体が他のヨーロッパ諸国に比べて活発ではない。政府は長年、財団を懐疑的にみており、1987 年にはじめての財団法が導入されるまでは、きわめて厳しい規制があったからである（アーシャンボ、2001；デッカート、2010）。そのようななか、政府は、財団が企業経営に関与することに、いっそう厳しい目を向けている。財団に与えられる税制上

---

(12)　https：//www.gurufocus.com/term/ROA/TYEKF/

の特典が企業経営に利用される可能性を恐れているからである。しかしこのような見方は、近年になってかなり変化してきている。

ピエール・ファーブル

　ピエール・ファーブルは、売り上げ 21 億ユーロ、社員数 1 万人のフランス第 3 の製薬企業である。ピエール・ファーブル財団が、グループ企業の経営管理会社であるピエール・ファーブル・パーティシペーション社（PFP）の 86％ を所有することを通して同社の経営権を握っている。同社の創業者であるピエール・ファーブルが 2008 年に自身が保有する同社株式を財団に寄付することで設立された。

オランダ

　オランダでは産業財団はきわめてよくみられる企業所有形態である。ただし、オランダにおける産業財団は、多くの場合、買収の防衛策としてのものである。オランダでは、企業が、経営事務所（Administratiekantoor）と呼ばれる産業財団を設立することができる。財団は企業の優先株の議決権の所有を通して企業経営を行う一方、利益の分配については一般株主に還元するというものである（デ・ヨングほか、2007；ローゼンブームとファン・デル・グート、2003）。企業を所有する財団は、実質的には所有される側の企業の経営者によって実効支配されるか、少なくとも多くの影響力を行使される。財団は、優先株式に付随する権利として、所有企業への買収提案があった場合、友好的な投資家を取り込むことが認められる場合もある。このようなメカニズムを通して、企業経営のチェック・アンド・バランスに必要なガバナンスシステムに抜け道をつくることが可能となっている。

　このようなメカニズムは、オランダの代表的な流通企業の 1 つであったロイヤルダッチ・アホルド社の不正会計問題の起こる要因でもあった。アホルド経営事務財団が同社の 63％ の議決権を握ることで、同社の経営陣が実質的に不正会計を行っても、それがチェックできなかったのである。

イタリア

　イタリアでは銀行の所有形態として、財団が重要な役割を果たしてきた（エコノミスト、2001；フライ、2013）。イタリアにおける銀行財団は、同国で1990年に成立した、いわゆるアマト法のもとで国営、準国営の金融機関の民営化を行うなかで導入された（ラーディニほか、2014）。同法のもと、世界最古の銀行として知られるモンテ・デイ・パスキ・ディ・シエナ銀行を含む80以上の貯蓄銀行といくつかの信用金庫が、銀行業務を合本会社（joint-stock corporations）に改組することが求められた。その際、その株式の一部を非営利慈善財団が所有する方法がとられたのである。

　これらの金融機関はいずれも営利企業として上場する一方、財団が一定の株式を保有し続ける。多くの場合、財団の株式保有比率は、実質的に銀行の経営権を維持することができるほど大きかった。このようにして、イタリアにおける銀行資産の約3分の2は、直接的または間接的に、財団経営のもとで所有管理されることになる。ユニクレジットやバンカ・インテサ、そしてモンテ・デイ・パスキ・ディ・シエナ銀行のように経営不振に直面する銀行が含まれている点は重要なポイントである。現時点で合計86の金融財団が存在する。これらの財団は、所有する銀行株に加え、それ以外の金融投資も行い、慈善活動としての助成金を提供する慈善団体でもある。イタリアにおけるもっとも大きな10財団のうちの9財団が銀行財団である（ナデージュ、2014）。助成金は、基本的には銀行所在地のある地域に提供されている。

　銀行財団はイタリアの金融部門の統合と近代化、国際化に貢献してきた。また金融危機の際は、責任ある長期的な株主、ならびに資本増強の際の資本の出し手、という役割も果たしてきた（ナデージュ、2014）。しかし多くの財団の基本財産は劣化してきており、また資産配分も銀行株に偏っている。また、財団の理事の選定に地元の自治体が直接、間接に関わり、地元の政治家が理事として選出され、理事会を牛耳ることがしばしばあると批判されている。財団をめぐる透明性の欠如や、その監督の不十分さも、問題とされることがある。財団所有の銀行はそれ以外の銀行よりも不良債権が多く、過小資本で、マクロ経済の変動の影響をより受けやすい（ナデージュ、2014）。この

ようなことを背景に、イタリア中央銀行は近年、財団に対して銀行との関係を見直すよう圧力をかけている。

イタリアの事例は、産業財団が機能するもしないも、そのガバナンスに関わっているということを示すものである。財団の理事会が政治家によって牛耳られていれば、すぐれた経営が行われることは難しいことは明らかであろう。

モンテ・デイ・パスキ・ディ・シエナ

モンテ・デイ・パスキ・ディ・シエナ銀行[13]は、世界最古にして、イタリア第3の銀行である。地元の政治家を中核メンバーとする理事会によって運営されるシエナ市の銀行財団により、経営されている。財団は、同銀行の取締役会メンバーの選任に関わってきており、2012年までは、頭取の選任にも大きな影響を及ぼしてきた。なお、財団の理事会と銀行の取締役会のメンバーは重複していない。財団理事の60％がシエナの地元政治家である。

財団の定款は、財団の慈善活動である助成はシエナ州にのみ提供されると規定している。同銀行は2008年の大規模合併により、大きな損失を抱えている。また、レポ[14]として知られる高リスクの仕組み取引きでも、大きな損失を抱えるに至った。このどちらも、銀行経営をめぐるガバナンスがうまく機能していないことの証左とされている。数次にわたる銀行の財務基盤強化のなかで、財団自身が過剰な借り入れを背負いこんでしまった。2007年に30億ユーロの資本増強を行い、2011年に10億ユーロの増資を実施するにあたって内外の金融機関から6億ユーロの借り入れを行っている。資本が薄いなかで公的債務を多く抱える銀行の資産状況により、2012年6月に実施された欧州銀行監督局の資本増強テストに通らなかった欧州の4つの銀行のうちの1つとなってしまったのである。そのため、2013年1月に40億ユーロの公的資金が投入された。なお、2014年に実施された50億ユーロの増資により、公的資金のほとんどは返還されている。一連の動きのなかで、

---

[13]　ナデージュ（2014）

[14]　レポ（repurchase agreement）は、ディーラーが国債を投資家に1日単位で売却し、それを翌日買い戻すような方法で行う短期借入の一種である。

財団は保有していた銀行の株式のほとんどを売却したが、財団が銀行の取締役会長の任命や、取締役会メンバーの任命で一定の影響力を保持することを保証する取り決めを銀行との間に交わしている。2014年3月の時点で、銀行の不良債権比率は28.3%に達している。

オーストリア

オーストリアには、2種類のきわめて異なる財団が存在する。1つは私的財団で、もう1つは公的財団である。いずれも、それぞれを律する法律のもとで設立され運営される[15]。私的財団は公的財団と異なり、その目的に公共の利益に資することが含まれる必要はない。財団創設者の遺族や企業の支援や、その他の私的目的のために活動することができる。

一見すると、オーストリアにはきわめて多くの産業財団が存在するようにみえる。しかしくわしくみると、その多くはなんらかの点で政府とつながっており、本書で扱う民間財団とは異なる性格を持つ。とはいえ次の2つは、本書の趣旨にかなう例である。

A-TEC 産業

A-TEC 産業は2001年に創設されたオーストリアの産業グループである。同社はMUST私的財団が55.2%、J. E. ロイドルド私的財団が9.6%、保有している。残りは浮動株として、金融投資や産業投資の対象として上場取引されている。

スティリア・メディアグループ

スティリア・メディアグループは、1896年に設立されたオーストリアのメディアグループ企業で、クロアチアとスロベニアでも事業を展開している。同社はカトリック・メディア協会私的財団が98.33%、カトリック・メディア協会が残り1.67%を保有している。2013年の時点で、約3000人を雇用し、4.42億ユーロの売り上げを上げている。

---

(15)　https : //slogold.net/foundations_in_austria.html

オーストリアにはイタリアと同様、多くの銀行財団が存在する。これらはかつての貯蓄貸付組合（Sparkassen）を保有している。

スイス

スイスでは、産業財団のような組織を、企業財団（corporate foundations）、あるいはより厳密に、持ち株財団（holding foundations）と呼んでいる[16]。財団の経済活動をめぐり、これまでしばしば議論の対象となってきた。しかし2001年にスイス連邦裁が正式にその法的根拠を認めている[17]。スイスにおける財団と民間企業をめぐる透明性の欠如の問題はある[18]ものの、以下の2つの事例を同国における産業財団所有企業として提示する。

ロレックス

ロレックスは、ハンス・ウィルドルフによって1905年に創設されたスイスの時計メーカーである。同社は今日、1945年に設立されたハンス・ウィルドルフ財団によって100％所有されている。同財団の掲げる目標は2つある。1つは同社の存続であり、もう1つは慈善活動である。ロレックスは2015年の段階で6000人以上の社員と46億ドルの売り上げを誇る[19]。財団保有ということもあり、同社は財務情報をほとんど開示していない。

ヴィクトリノックス

1884年に創設されたヴィクトリノックス社は、スイス・アーミーナイフで知られる世界的企業である。同社の90％をヴィクトリノックス財団が、残り10％は他の慈善財団が保有している。約2000人の社員を擁する[20]。

---

(16)　https : //www.rwi.uzh.ch/
(17)　注13を参照。
(18)　http : //www.icnl.org/research/journal/vol16iss1/swiss-legal-framework.pdf
(19)　http : //www.forbes.com/companies/rolex/
(20)　http : //www.bloomberg.com/news/articles/2014-10-02/swiss-army-knife-maker-victorinox-bets-on-own-stores

スウェーデン

スウェーデンでは、同国の大企業のほとんどが、大きく2つのグループに集約される。どちらも財団所有である。スウェーデンのビジネスグループは、他の国に比べるときわめてゆるやかな企業の集合体であるが、所有形態や、取締役・執行役らの絡まりあった関係などにより、グループとみなせる。財団は傘下企業の株式の過半を握ってはおらず、いずれも有力な少数株主の立場で経営に関与している。

インベストール

インベストールは、ウォレンバーグ（ヴァレンベリ）家によって1916年に創設されたスウェーデンの投資会社である。ウォレンバーグ財団が同社の議決権の50%以上、資本の23%を持ち、同社の経営を握っている。2014年における同社の利益は54億ユーロ、社員数は本社が76名、傘下企業が60万人以上であった。近年、業績は良好で、総資産利益率（ROA）が13%、利益成長率も高い。

ウォレンバーグ財団は、これとは別に非上場の投資会社も保有し、その傘下に多くの企業を抱えている（図5.1の組織図を参照）。これらの仕組みを通じて、ウォレンバーグ家はスウェーデンの半分と、それ以外の世界の多くを牛耳っていると（冗談交じりに）言われている。

スベンスカ商業銀行

スベンスカ商業銀行は1871年に設立されたスウェーデンの銀行である。同銀行は、複数の財団とその関連企業が所有しているが、そのなかのもっとも有力なものが、オクトゴネン財団（10.3%）とインダストリヴェルデン（10.3%）である。オクトゴネン財団が実質的に社員を管理している。2014年の同銀行の収入は383億1400万クローナであった。従業員は1万1000人を超える。他の銀行に比べると、同銀行の業績は良く、金融危機〔2008年のリーマンショック〕にもたいへんうまく対応してきた[21]。

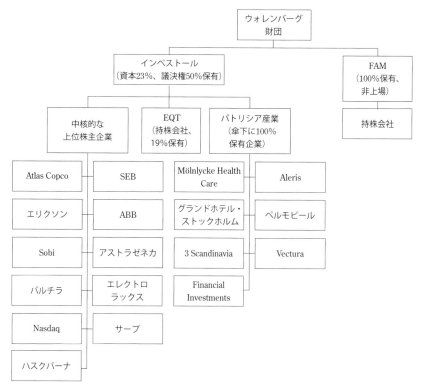

図5.1　ウォレンバーグ財団と傘下企業

　スベンスカ商業銀行（Handels というニックネームで知られている）が、スウェーデンの産業界のもう1つの中心である。ウォレンバーグと商業銀行の2つからなる巨大なビジネスグループのほかに、いくつかの独立した財団所有企業がある。その代表的なものとして、以下にトゥレレボーグと NCC を挙げる。

トゥレレボーグ

トゥレレボーグは、1905 年に創設された世界的なエンジニアリング企業

（21）　https : //www.gurufocus.com/term/ROA/SVNLY/Return%2Bon%2BAssets/Svenska%
2BHandelsbanken

である。同社最大の株主はダンカー基金財団で、資本の 10.5%、議決権の 54% を保有する。同社の売り上げは 20 億ユーロを超え、6500 人の社員を擁する[22]。トゥレレボーグの最近の業績はやや低迷しており、総資産利益率（ROA）が 4.5%、成長率が 5% である[23]。

NCC

NCC はスウェーデンの建設業および開発事業を行う企業で、1989 年に創設され、おもに北欧諸国で事業を展開している。同社最大の株主は Nordstjernan という投資会社で、発行株式の 20.1%、議決権の 64.2% を保有している。この投資会社は財団が保有している[24]。NCC は売り上げ 60 億ユーロ、社員 1 万 8000 人を擁する。同社の近年の業績は順調で、5% 台の財務収益を上げている[25]。

最後に、財団所有のスウェーデン企業としてもっとも興味深い例である IKEA を紹介する。

IKEA グループは、世界各地で家具を販売する企業群である。同社は 1943 年に創業された。今日、密接に関連する 2 つの企業により構成されている。1 つは INTER-IKEA グループで、同社は 1982 年以来、INGKA 財団が所有している。もう 1 つは IKEA グループで、こちらは INGKA ホールディングスという持ち株会社の傘下にある。両社とも、本拠地はオランダである。両財団とも、傘下企業からの収益は、それらへの再投資のほかは慈善活動に拠出している。2014 年に、INTER-IKEA グループは売り上げ 287 億ユーロ、社員数 14 万 7000 人であった。IKEA の業績は良好で、年平均 5% で成長している。

ザンシ（2011）は、財団が 20% 以上の株式を保有するスウェーデンの上

---

(22)　http://www.trelleborg.com/en/About- -us
(23)　http://www.gurufocus.com/term/ROA/OTCPK : TBABF/Return%2Bon%2BAssets/
　　　Trelleborg%2BAB
(24)　http://investors.ncc.se/en/largest-shareholders
(25)　http://markets.ft.com/research/Markets/Tearsheets/Financials?s=880765 : BER

場企業26社の業績と、通常の企業の業績を比較する研究を行った。投資収益を、株式取得額の変化に対する時価総額の変化で導かれる限界企業価値（marginal Q）を使って明らかにした。これによれば、財団の投資収益は、分散投資のそれに比べて高成績であった。しかし機関投資家や同族企業のそれとは、あまり大きな違いはなかった。ということは、財団所有それ自体が傘下企業の高業績と関係しているというよりも、経営権を握る大株主のもとにある企業のほうが、少数株主のみの企業よりも、業績が良かったということになる。

ノルウェー

　ノルウェーの財団に関する法制度のもとでは、自由に産業財団を設立できる。しかしノルウェーの産業界は、スウェーデンに比べるときわめて限定的にしか同法を活用してこなかった。とはいえ、以下の3社を重要な事例として取り上げることができる。

カヴリ

　カヴリはノルウェーでもっとも大きな食料生産会社の1つで、売り上げが30億クローナ（3.75億ドル）、社員数800名である。チーズやミルク、その他の各種加工食品を製造している。同社は100％がカヴリ信託により保有されている。1893年の設立以来、拡大を続け、利益を出し続けている[26]。

DNV GL グループ

　DNV GL グループは、2012年にDNVとKEMAが合併してできた企業グループである。KEMAは1927年にオランダの電力産業により設立された。DNVの設立は1865年に遡る。DNVはノルウェーヴェリタス持株会社が63.5％、メイフェア資産管理社が36.5％を保有する。ノルウェーヴェリタス持株会社は、ノルウェーの財団であるノルウェーベリタス財団によって保有されている。DNVグループは100か国に約1万6000人の社員を擁し、2014

（26）　トムセン（2015）

年の売り上げが 216 億クローナであった[27]。

オラフトン・グループ

　オラフトン・グループは、1951 年に設立された不動産およびホテルを運営するノルウェー企業である。同社はオラフ・トンが 2013 年に所有していた株式を委譲して設立された財団によって保有されている。同グループは 2014 年に 88 億クローナの売り上げを立て、3160 人の社員を擁している。同社は年 3% から 9% の成長を続け、同 6% から 7% と比較的高い投資収益率（ROI）を維持している[28]。

　これら「通常」の産業財団に加え、ノルウェーには所有者のいない貯蓄金融機関（sparbanker）や保険会社（たとえばグエンシディエ社）が存在しており、その多くは最近になって財団所有に移行している。貯蓄金融機関はこれまでは株主が経営権を所有する形態ではなく、預金者を含むステイクホルダーが理事を選任し、それらの理事によって理事会がつくられ、経営されるという形態をとっていた。ブーハレンとジョセフセン（2013）は、これら所有者のいない金融機関と、通常の営利企業としての金融機関、ならびにその中間形態の非営利機関の 1985 年から 2002 年までの業績を比較した。それによれば、所有者のいない金融機関は、同期間の ROA が 0.88% で、営利金融機関の 0.32% や中間形態の 0.42% よりも高かった。ノルウェーの金融危機の時期（1988 年から 1992 年）に限ると、これらの業績はさらに顕著に良かった。というのも、これらの金融機関は、それ以外の金融機関に比べてよりリスクに慎重な経営を行っていたからである。金融機関の規模、その他の統計上の留意点を考慮しても、これらの違いは十分に明らかであった。

インド

　インドで、また広く世界で尊敬されている企業の 1 つが、いわゆる産業財

---

(27)　https : //www.dnvgl.com/about/in-brief/key-figures.html

(28)　http : //www.nordicnet.dk/virksomheder/Olav-Thon-Gruppen-AS/207510/finansiel-information/

団所有による企業である。

　タタ・グループ[29]は、インドを代表する巨大な企業グループである。上場企業29社を傘下に持ち、80以上の事業を行っている（2012年現在）。すぐれた業績をあげ、長きにわたって企業の社会的責任を果たしてきた。これらの企業の持ち株会社であるタタ・サンズは、信託によって所有されている。

　タタ・グループは、パルシ・タタ家により1868年に設立された。1874年になって繊維ビジネスに乗り出し、その後、さまざまな分野への多角化を行う。製鉄（1902年）、電力（1910年）、セメント（1912年）、石鹸（1917年）、印刷・出版（1931年）、航空（1932年）、化学（1939年）、家電（1940年）、商用自動車（1958年）、紅茶・コーヒー（1962年）、情報技術（1968年）、金融（1984年）、流通（1999年）、保険（2001年）といった具合である（カーナほか、2005）。これらの事業の多くは高い競争力を誇っており、業界を代表する企業も多い。もちろん航空や化粧品、医薬品、繊維、印刷・出版などのように、国営化の対象とされたり、それ以外のビジネス上の問題に直面したりするなかで、撤退している事業もある。同グループは最近も起業家精神を発揮して、2008年のジャガー・ランドローバー社の買収や、2007年の英蘭製鉄企業コーラスの買収などを手掛けている。またタタ・コンサルティングは、インドIT産業の奇跡のけん引役として知られている。そしてタタ紅茶（現在のタタグローバル飲料）は、2000年にイギリスのテトレーを買収した。同グループの売り上げの半分以上はインド以外の海外市場で上げている。

タタ・グループ

　タタ・グループは、インドを代表する巨大な企業グループで1868年に設立された。タタ・サンズがグループ各社の持ち株会社である。タタ家が拠出して設立された非営利慈善信託が、タタ・サンズの株式の66％を保有している。信託は、教育、健康、暮らしと芸術文化を支援する活動を行っている。2014〜15年のタタ・グループ各社の収益は1087.8億ドル、売り上げは1068.5億ドル、グループ全体で60万人を雇用していた。同社はこれまでも、

（29）　トムセン（2012c）に依拠している。

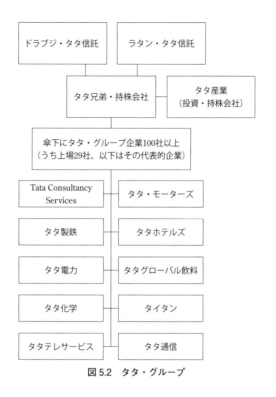

図 5.2　タタ・グループ

株式市場の平均以上の業績をあげてきていた（トムセン、2012c）。

　同社の組織図を図 5.2 に示す。

　すぐれた財務上の業績に加え、タタ・グループは社会的責任経営という点でも傑出している。グループ各社ならびに各社を保有する信託のいずれも、慈善活動にきわめて熱心である。明確な行動指針を持ち、それに忠実かつ真摯に活動を行ってきている。たとえばこの指針は、事業を行っている国や社会に貢献する活動を行うこと、開かれた競争的な市場を支えること、すべての社員に等しく機会を提供すること、汚職に手を染めてはいけないこと、政治的中立を守ること、株主価値に資すること、などを定めている。

　タタが汚職に対してとくに厳しい方針を持っていることは、よく知られている。同社の役員はこの方針のため、必要な承認や許可、その他の政府の許認可を円滑に得ることが難しくなったり、その結果として企業の成長にも影

響が及んだりすることを認識している。そのうえで、同社の長期的な成長の
ためには、そのような短期的な犠牲もやむをえないものとして甘受している
のである。ひとたび汚職に手を染めれば、簡単にはやめることができないか
らである。

　タタ信託は、ボンベイ信託令によって規定され、マハラシタ慈善委員会に
よって監督されており、同信託は年次報告を同委員会に提出している。同委
員会はタタ信託の活動がインド信託法に沿って行われているかどうかについ
て、詳細にチェックしている。ボンベイ信託令は、信託を財団と同列にはみ
なしていない。しかし、信託が不可逆的、永続的な存在であるという点で、
われわれが議論してきた産業財団と実質的には同様とみなすことができる。
ただしインド信託法は、営利企業の保有という行為自体が正当な慈善活動の
1つであるとは認めていない。その点で、タタ信託が傘下の事業会社を保有
すること自体は、信託の目的とはできないのである。

台湾

　台湾では、同族企業グループの経営方法の1つとして、財団が広く使われ
ている。同族企業グループのほとんどは、企業の株式を保有する財団を持っ
ている。ただし通常は事業会社の株式の5％以下を保有する少数株主である。
そのような形態をめぐる1つの仮説は、そのような財団を通して、一族が企
業グループの経営に深く関わっており、グループの経営を実質的に把握して
いることを広く知らしめることができるというものである。

　もちろん一部の財団は、企業の株式の過半を所有している。台湾最大の企
業である台湾プラスティックグループは、その創業者・王永慶が所有する自
社の株式を寄贈して長庚財団を発足させた。同財団は慈善活動を行うことを
目的としているが、同グループの公開企業4社の実質的な支配株主としての
役割も持っている（ファンほか、2010）。同グループは10万6000人の社員を
抱えている。

結論

　産業財団、もしくは産業財団と実質的に同等の機能を持つ組織は、世界各

地に存在している。とはいえ、その身近さや経済に占める重要性でデンマークに勝る国はないことも明らかとなった。また、世界を代表する巨大で競争力の高い企業のいくつかが財団保有企業であることは、そのような所有形態の持つ重要性を示すことにもなっている。

　予想されたことではあるが、国により形態はかなり異なる。たとえばいくつかは、財団ではなく慣習法上の信託として存在している。また、創業家が議決権を持つ一方、財団が配当受領権を持つというような形態もある。財団が仕組み株（デュアル・クラス・シェア）を通して、実質的に議決権を支配しているケースもある。財団が持ち株会社を所有し、その傘下に事業会社を持つ場合もあれば、財団が直接、事業会社の株式を所有して経営権を握る場合もある。複数の財団による共同保有もあれば、単一の財団が所有する場合もある。創業家が財団を通していまだに経営に関与している場合もあれば、そうでない場合もある。傘下の事業会社を通して慈善活動に関与する場合もあれば、慈善活動は財団のみで行う場合もある。

　オランダやイタリアの事例からわかるように、財団所有という形態によって、経営の健全性が担保されるというわけではない。財団の所有に加えて、さまざまな条件がそろう必要がある。財団所有企業は、みな等しく同じというわけではないのである。理事会が創業家や有力政治家の縁故関係で構成された財団では、長期的な優れた経営が行われにくいことも示されているようだ。デンマークやその他の北欧諸国のような、社会的信頼や透明性の高い社会で、この制度はより良く機能するようである。とはいえ、さまざまなケースが存在しており、さらなる研究が求められていることは間違いない。

第6章
デンマーク経済における
産業財団[1]

概要

　デンマークほど、産業財団が重要な役割を果たしている国はないだろう。しかし最近まで、それがどのような分野でどれほど重要な役割を果たしているのかについて、明確にわかってはいなかった。本章において、産業財団が経済活動全体や雇用、研究開発や国際化にどのような貢献を行っているかについて、考察してみたい。本章では、事業会社の所有者としての産業財団に光を当てる。財団の慈善活動については、10章で触れる。

　まず、傘下に事業会社を持って経営している産業財団の数を確定することから始めたい。多くの財団は事業会社を所有経営していない。また事業に携わる財団も、その多くは営利事業ではなく公共事業である。これらを整理し峻別することから始める。

事業財団（Enterprise Foundation）

　事業財団は、事業会社に支配的な影響力を行使する場合や、財団自体が事業活動を行う場合、法律に基づきデンマーク企業庁に報告を行うことが求め

---

(1)　本章はトムセン（2012b）を改訂したものである。

られている。事業財団のほとんどは、事業会社の株式を財産の一部として保有している場合でも、経営権を行使していない。したがってわれわれの考察の対象ではない。しかし一部の大きな事業財団は事業会社を所有経営しており、本書の産業財団に含めることができる。

　デンマーク企業庁に登記されている財団の所有株式の簿価を（価値がマイナスとなっているものを除いて）集計してみると、合計 3500 億クローナであった。これは 2010 年のデンマークの上場企業の時価総額の 25% にあたり、きわめて大きいといえる。デンマークの家計資産は約 6 兆クローナであり、その 6% 弱を占めているということにもなる。

　ただし、この数字は実態よりはるかに小さい。第一に、簿価は時価に比べて低い。第二に、すべての財団が所有株式を連結で集計しているわけではない。第三に、報告が求められているのは、支配的な影響を行使している企業の株式だけだが、それ以外にも、少数株主や債務の引き受けなどで影響力を行使するものは含まれていない。したがって、財団が経営に関与している実態は、ここに表れているよりもさらに大きいといえる。

　この点については、たとえばデンマークでもっとも大きな財団所有企業であるノボノルディスクの例をみるとよく理解できる。同社の時価総額は、上記の集計時（2012 年 10 月）にすでに 4000 億クローナであった。その後、2016 年 8 月に 7610 億クローナにまで上昇している。時価総額でデンマーク第 2 の企業である A. P. モラー・マースクは、同時期の時価総額が 1600 億クローナ（2016 年には 1800 億クローナ）であった。もちろん財団がこれらの企業の株式をすべて保有しているわけではない。少なからぬ少数株主が存在している。とはいえ両社とも、財団が実質的に経営を行っているという点で、株価に実質的な影響を行使しているわけである。そしてこの 2 社だけで、政府に報告されている簿価を大きく超えている。これらについては、のちほどもう少しくわしくみることにする。

財団数

　以下に、1985 年に財団の登記制度が発足して以来の財団数（図 6.1）、および新規の登記ならびに削除による変化（図 6.2）を示す。総数は時間の推移

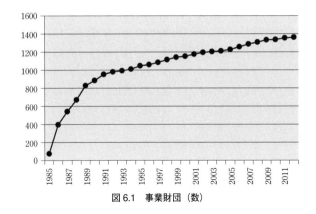

図 6.1　事業財団（数）

図 6.2　事業財団の設立と抹消（財団登記に基づく）

とともに増加している。当初の急な増加は、登記制度の開始にともなって、
既存の財団が登記を開始したことを示している。1990 年度に入り、毎年 50
前後の財団が新規に登記され、それを下回る数の財団が登記を抹消している。
登記の抹消は、財団が解散した場合や、登記の条件である事業活動の売り上
げの最小限度額である 25 万クローナを下回る場合、あるいは事業の売却や
終了などによるものである。多くの財団は、事業を売却したり終了したりし
たあとも、引き続き助成金を受給し続けている。

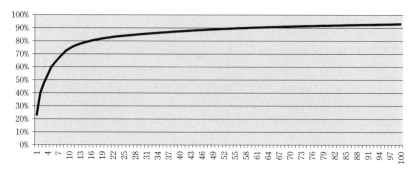

図6.3 財団所有企業の時価総額に占めるトップ100財団の割合

規模

　事業財団はほとんどが小規模だが、ごく少数は大規模である。これは事業会社を保有経営する財団が、少数の大規模財団に偏っていることを示している。上位100財団の保有株式の簿価が、政府に登記されている財団の保有株式の簿価総額に占める割合を示したものが、図6.3である。これから明らかなように、上位10財団の保有株式の簿価が全体の74%を、30財団が全体の85%を、100財団が全体の93%を占めていることがわかる。財団の規模と経済活動とに相関を認めることができることから、大規模な財団に絞って考察を行っても、デンマーク経済に対するその役割を考察することが十分に可能であることがわかる。

　統計的に、財団の規模は対数正規分布をしているようである[2]。累積対数正規分布と対数正規密度関数をとったのが、以下のグラフである（図6.4）。

　企業規模の分布に関する研究から示されているのは、企業の成長率は企業規模とは関係がなく、企業規模が大きいほうがシステマティックにすぐれた業績をあげる、またはその逆が起こる、といったことは結論できないという点である。そのうえで企業の規模には、対数正規分布がみられることも示されている。大規模な産業財団は、その所有する企業を通して成長するわけで、財団の規模についても企業の規模と同様のことがいえると考えられる。

---

(2)　対数正規性に関するシャピロ・ウィルク検定のZ値は−1.083で、有意水準が0.86060であった。これは対数正規性に関する帰無仮説を拒否できないことを示している。

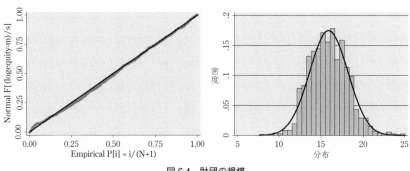

図 6.4　財団の規模

　財団の規模の分布についての 1 つの結論は、ほとんどの財団は小規模だというものである。300 ほどの財団は、100 万クローナ以下の株式しか保有していない。400 財団に広げても、200 万クローナ以下である。全財団の保有株式額の中央値は 700 万クローナである。他方で平均は 2 億 7700 万クローナとなる。

財団資産の成長

　2008 年の金融危機にもかかわらず、財団の保有する株式の簿価は、2007 年の 2580 億クローナから 2011 年の 3500 億クローナへと 36% も増加している。財団は金融危機をうまく乗り越えたといえるし、デンマーク経済を安定させる役割を果たしていたともいえる。

　上位 100 財団で、財団保有株式総額の 90% を占めるという構図は、近年、変化していない。また財団の規模が大きくなると、株価で測る成長が低くなる、あるいは高くなる傾向があるかどうかを調べてみたが、いずれの兆候もみられない。

破綻率

　財団の破綻率は低い。とはいえ年 1.1% という数字は財団がまったく破綻しないというわけではないことも意味している。近年の財団の破綻率の推移を以下に示す（表 6.1）。

　2008 年の金融危機のことを思えば、この破綻率はかなり低いといえるだ

表 6.1　企業財団の破綻率

年	破綻率
2008	1.6%
2009	2.5%
2010	0.2%
2011	1.1%
合計	1.1%

ろう。同時期の企業の破綻率は年 10% を超えていたのである。もちろん、単純な比較はできない。小規模な企業の破綻率は高い一方、産業財団は法律により、売り上げならびに資産が 25 万クローナ以上なくてはならないと規定されているため、規模が一定以上となる。また企業は株主やパートナーが投資した資本の一部を回収することが可能だが、財団は一度拠出された基金を回収することは法的に許されていない。したがって破綻を選択することのメリットが企業ほどは大きくないのである。

デンマーク経済に占める役割[3]

産業財団のデンマーク経済にとっての重要性については、財団が所有経営する企業の雇用や売り上げ、付加価値の創出など具体的な経済活動を考察することでさらによく理解できる。そこで、デンマーク政府の登記情報をもとに検討を続けることにする。まず事業財団に登記された財団がどの企業を保有しているか、次にデンマーク統計局の人口統計を使って、それらの企業の雇用が占める割合はどれほどかを調べた。

複数の企業の関係を明らかにし、最終的に財団が所有経営している企業グループの財務諸表を連結していく作業には少なからぬ困難がともなった。しかしこれをふまえて抽出したデータが以下の図 6.5 である。

ここから明らかになったのは、財団保有企業の雇用が、デンマークにおける民間部門の雇用の 8%、売り上げの 13%、付加価値の 18% を占めるというものである。付加価値が相対的に高い理由は、財団所有企業に多くの巨大

---

(3)　以下は、クーン（2015）の研究に依拠する。

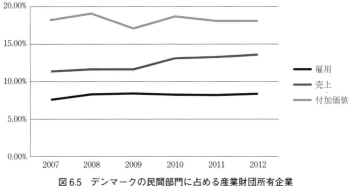

図 6.5　デンマークの民間部門に占める産業財団所有企業

な多国籍企業が含まれていることと関係している。この点については、本章の後段でくわしく触れる。デンマーク企業に雇用された外国人社員の貢献は、利益としてデンマークに還元され、最終的にはデンマークの国民総生産における創出付加価値として計上される。

　なお、産業財団所有企業に金融を含めた場合、財団所有企業の民間部門の雇用に占める割合は 9.1% に上昇する。それ以外はほとんど変わらず、売り上げで 13.6%、付加価値で 18.1% である。

時価総額

　財団所有企業の株式については、簿価を調べる以外に、時価を調べる方法もある。これはとくに議決権の過半を保有し経営権を行使している企業について、意味のある調査である。そこで 1980 年以降、コペンハーゲン証券取引所（CSE）に上場された企業の時価総額を調べたものが、図 6.6 である。

　上場されている財団所有企業の時価総額は 2011 年で 7000 億クローナであった。これは CSE に上場している企業の時価総額の 68% に相当する。株価のみに基づいた数字であり、債券などさまざまな資本を含めると 1 兆クローナ以上となる。

　図 6.6 からも明らかなように、財団保有企業の CSE における時価総額は、1980 年の 30% から 2010 年の 70% 近くまで、倍以上に増加している。これは財団保有企業の数が増えているからではない。実際、財団が保有する企業

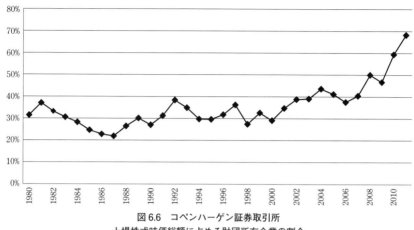

図6.6　コペンハーゲン証券取引所
上場株式時価総額に占める財団所有企業の割合

の数は、年間16社から20社程度しか増えていない。ということは、既存の財団保有企業の経営がそれ以外の企業の経営よりもすぐれており、その結果として時価総額がより増大してきたということがいえる。

　財団の保有株式の価値が上場株式の時価総額に占める割合の上昇や、絶対的なシェアの高さについて少しくわしくみてみると、実質的には、医薬品メーカーのノボノルディスクと、海運のA. P. モラー・マースクという2つの企業によって起こされていたことがわかる。この2社を除くと、コペンハーゲン株式市場に上場する全企業の時価総額の約20%を財団保有企業が占めることになる。またこの割合は、1980年からほぼ変化していない（図6.7参照）。これは心理学でいう「少数の法則」をめぐる問題に直面していることを意味する。ごく一部の巨大企業が、全体に大きな影響を与えているからである。そのため統計的な分析を行うときには注意が必要となる。また事例に基づくアプローチの有用性が高くなる理由でもある。

もっとも大きな財団保有企業

　集合データを使った考察の持つ限界をふまえると、一部の大規模な産業財団に焦点を当てた考察の意義を認めることができる。というのも産業財団に関するデータの多くを、実質的にこれらの財団が供出しているからである。

図 6.7　コペンハーゲン証券取引所
上場株式時価総額に占める財団所有企業の割合
（上位 2 社を除いた場合）

そこで、以下において上位 100 財団とその所有する企業に焦点を当てて考察を行うこととする。なお、ある程度の期間の推移をみる場合、財団の一部が解散したり、新規の財団が参入したりというように、出入りが発生している。そこで具体的な研究対象として、やや多めに上から 120 財団をとることにする。

雇用

　図 6.8 から明らかなように、財団保有企業による雇用は 2010 年で約 30 万人で、2004 年から 10 万人（50%）増加している。

　デンマーク統計局に登記された雇用統計によると、財団保有企業による雇用は、常勤雇用換算で最大 14 万 393 人相当と推定される。これはデンマークの全雇用の 5.74% に相当する。常勤も非常勤も含む全雇用では、財団保有企業による雇用は 19 万 2157 人相当（全雇用の 4.5%）とみられる。

　デンマーク統計局によると、デンマーク企業は国外で約 120 万人を雇用している（国内の雇用とほぼ同数である）。なお、この数字の半数近くは、労働集約的な一企業、ISS 社によるものである。同社はデンマーク国内で約 50 万人、国外で 53 万 4000 人を雇用している。ということは、産業財団による

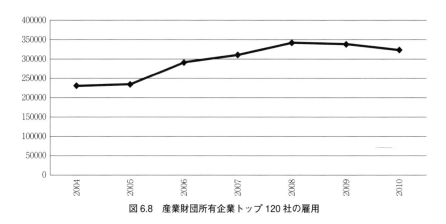

図 6.8　産業財団所有企業トップ 120 社の雇用

表 6.2　デンマークの産業財団所有企業上位 19 社の雇用

	デンマーク国内	海外
雇用	72.599	171.313
デンマークの雇用に占める割合（％）	3%	6%

デンマークの雇用への寄与は国内雇用全体の 5%、民間部門の雇用の 8%、海外雇用の 16%、といえる。ISS を除外した場合、海外雇用の割合は 28% になる。

　デンマーク企業は、通常は社員の国籍の内訳を報告しない。しかし大規模な財団を対象とした我々の調査報告からは、以下のようなことが明らかになる。

　財団保有企業のトップ 19 社は、デンマーク国内で約 7.2 万人を雇用している。これは国内雇用の約 3% に相当する。しかし、これらの企業は国外で、国内の 2 倍以上（17 万人）を雇用している。これは 6% に相当する。

売り上げと付加価値（売上総利益）

　以下に、巨大な財団所有企業の 2004 年から 2010 年までの売り上げと売上総利益を示す（図 6.9 参照）。売上総利益は付加価値と近似する。というのも、売り上げから費用を差し引いたものを計上するからである。図から明らかなように、これらの数値はいずれも上昇している。売り上げは 2004 年から

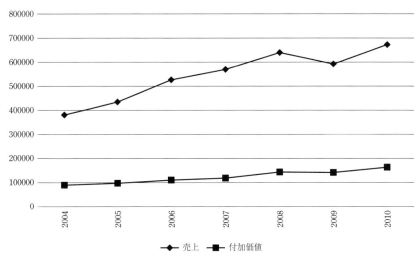

図 6.9　産業財団所有トップ 100 社の売上と付加価値

表 6.3　産業財団所有の上位 18 社の売上（2011）

	国内売上	海外売上
総売上（単位：10 億クローナ）	75.9	409.1
総生産に占める割合（%）	2%	13%

2010 年までの間に 2 倍となり、それにともなって売上総利益も増加している。

　これら 110 社の総売上は 6700 億クローナ、売上総利益を 1600 億クローナと見積もっている。デンマーク政府当局による別の調査では、財団所有企業が生み出す付加価値は 1000 億クローナで、デンマーク経済全体の付加価値（1.5 兆クローナ）の 7% に相当するというものがある。これらから明らかなのは、財団所有企業の多くが海外で事業活動を積極的に行っており、デンマーク外で多くの付加価値を作り出し自国に還流させていることである。

　財団所有企業への質問票に基づく調査から、次のような内容を示すことができる。

　デンマーク経済に関する国の統計によれば、上位 18 財団だけで、売り上げが 750 億クローナとなり、これはデンマークの総生産の 2% にあたる。し

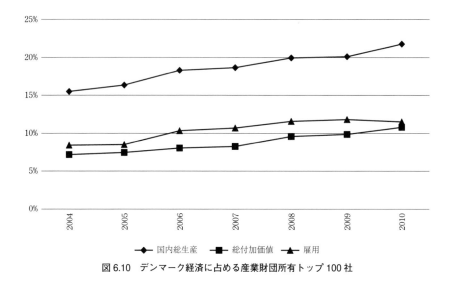

図 6.10　デンマーク経済に占める産業財団所有トップ 100 社

かしこれらの財団企業の国外の売り上げは 4000 億クローナと、国内売り上げの 5 倍以上であった。

財団所有企業の成長

　図 6.1 から明らかなように、規模の大きな財団所有企業は、デンマーク経済の成長をはるかに超えて成長してきた。そこでは、2004 年から 2010 年までの間に、これらの企業の売り上げが 76% 増加しているのに対し、通常のデンマーク企業のそれは 20% しか成長していなかった。GDP 比でみると、同時期の売り上げは 26% から 38% にまで拡大している。なお、成長のほとんどは海外でのものである。

　これは、デンマーク経済における産業財団の重要性の拡大を意味している。上の図に、生産、総付加価値、雇用の３つの観点で、デンマーク経済におけるトップ 100 財団の占める割合を示した（図 6.10 を参照）。たとえば、デンマークにおける総生産に占める位置は、15% から 22% に、付加価値は 7% から 11% に、雇用は 8% から 12% に増えていることがわかる。

　すでに指摘したように、これらには海外部門での大きな活動が含まれている。デンマーク国内での雇用はこの数字に比べてきわめて小さい。とはいえ、

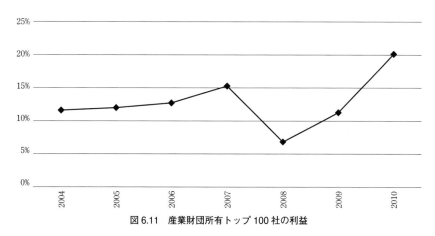

図 6.11　産業財団所有トップ 100 社の利益

財団所有企業がデンマーク経済に多大な貢献をしていること、そしてこれら以外の企業に比べて、顕著に高い成長をしていることが一目瞭然となるデータでもある。

　産業財団のデンマーク経済への貢献の全体像を把握するためには、大規模な財団によるデンマーク経済への貢献に加え、およそ 1100 の小規模な産業財団の所有する企業のデンマーク経済への貢献も加えて考慮する必要がある。所有株式に基づくわれわれの推計では、これら小規模な産業財団の所有する企業の雇用も含めると、1 万 5000 人の雇用と 80 億クローナの付加価値が財団所有企業によって生み出されていると考えられる。

　これとは別の産業財団の保有する企業の経済への貢献の分析は、国内ならびに海外での利益に着目するものである。あらためて財団系企業トップ 100 社のあげる利益が、デンマーク企業のあげる利益全体の何割を占めるかを、デンマーク統計局のデータをもとに計算した。これを上の図に示す（図 6.11 を参照）。

　ここから明らかなように、2004 年から 2010 年までの間の利益の貢献の割合は、7％ から 20％ まで上下しているが、この間の平均をとると 13％ となる。これは雇用や付加価値におけるデンマーク経済への貢献よりも、高い数字である。

　もちろん、これらの利益がすべてデンマークへ還流しているわけではない。

表 6.4　財団所有企業の雇用の推移（バランスドパネル）

	売上（10億クローナ）	社員数
2004	360	209.576
2005	412	212.723
2006	488	266.301
2007	527	280.709
2008	596	314.324
2009	554	312.491
2010	635	299.043
企業数	73	93

　利益の一部は、海外の株主への配当などにも充当されている。とはいえ多く
はデンマークへ還流され、それを通してデンマーク経済に貢献している。上
位1000財団は、所有する企業の75％の株式を保有している。またデンマー
クの機関投資家のような少数株主も、これらの企業の株式を少なからず保有
している。また、創業家や社員も少数株主としてそれらを保有している。

　この点を別の角度から確認すべく、表6.4のように社員数による変化を
とってみた。ここからも、同じ傾向が見て取れる。2004年から2010年まで
の間に、社員数は42％増加しているのに対して、売り上げは76％増えてい
るのである。

通常の成長、異常な成長

　企業の成長は、他社の買収（M&A）によるものと自律的なものとに分け
られる。買収による成長は、利益の点では多くの場合、増加をもたらさない。
場合によっては減少することすらある。自律的な成長とは、通常、継続的か
つ比較的控えめな成長を意味する。それがときどき、買収によって非連続的
に跳躍することになる。

　財団所有企業がどの程度、買収を行ってきたかについてすぐにわかるデー
タはない。しかし成長を非連続的なものと自律的なものとに分解することで
推測することができる。ここでは30％以上の急な成長を、非連続的とする。

　表6.5から明らかなように、財団所有企業の成長の8％は非連続的（30％
以上の急な成長）である。これは、財団所有企業が平均12年に1回程度M

表 6.5　財団所有企業上位 100 社の成長の推移（2004-2010）

成長の種類（注）		売上の成長		雇用の成長	
		売上増（10 億クローナ）		雇用	
自律的	92%	221	78%	64,284	71%
非連続的急成長	8%	62	22%	26,194	29%
合計	100%	283	100%	90,478	100%

注 : 年 30% 以上の売上増を非連続的急成長、それ以下を自律的成長とする

&A による急成長を起こし、それにともなって売り上げを 22%、雇用を 29%、拡大していることに相当する。

　2004 年から 2010 年までの間に、財団所有企業は売り上げを 2830 億クローナ拡大しているが、そのうち 22% にあたる 617 億クローナは非連続的な急成長によってもたらされたものである。雇用についても、同期間に増加した 9 万 478 人のうちの 29% にあたる 2 万 6194 人は、同様の理由で拡大した雇用である。ここから、財団所有企業の成長は、基本的なパターンとしては、比較的おだやかな自律的成長によってもたらされてきたといえるだろう。

経済的な安定

　経済活動に占める重要性に加え、産業財団は事業会社の安定的な所有者であるという点も、大きな意味を持っている。企業の経営権を保有するさまざまな形態と比べてみた場合、産業財団はより長期的な観点から企業を保有しており、短期的な決算に一喜一憂しない。「安定的な経営」が財団の定款に明記されていることもあるほどである。財団の非営利組織としての特性から、従業員やその他のステイクホルダーの利害にも配慮することが多い。また、財団が企業を保有する目的が企業とその事業の永続であること、ならびに経営権を集約的に保有していることから、（ハイリスク・ハイリターンを求める）通常の株主よりも、どちらかというとリスクに慎重であるといえる。

　（デンマークを含む）社会にとって、そのような財団の存在はメリットの多いものとなりうる。財団傘下の企業が慎重な経営を行うということであれば、破綻や財務上の困難に陥る可能性も低いことから、経済の安定に貢献することにもなる。社員、税務当局、取引先、ならびにそれ以外のステイクホ

表 6.6　雇用減・売上減・赤字の頻度

	雇用減＞10%	売上減＞10%	赤字	N（年度）
一般企業	11%	18.2%	26.7%	5170
財団所有	8.7%	5.6%	16.9%	537
有意性	.033**	＜0.000***	＜0.000**	

：5% のレベルでの有意性　*：10% のレベルでの有意性

ルダーにとって、そのような安定的な企業の存在はありがたいものであろう。経済危機の際には、とくにそうである。

　実際のところ、財団所有企業が通常の企業に比べて解雇や売り上げの減少、赤字の計上などが少ないのかどうかについて調べた結果を表 6.6 に示す。2004 年から 2010 年の間の、財団所有の上位 100 社を、北欧諸国のそれ以外の企業と比べたものである。

　ここから明らかなように、財団保有企業は、大きな雇用削減を行うことも、急激な売り上げの減少や赤字に陥ることも、通常の企業より少ない（＞10%）。その差は大きく、かつ、きわめて明瞭である。

　このような違いからただちに、財団保有企業は財団により保有経営されていることから、その行動が通常の企業とは異なっている、と結論づけることはできない。たとえばそれらの企業が特定の業界やニッチな分野で事業を展開していて、経済の動向からの影響をあまり受けず、したがって業績が悪化しにくいということもありうる。実際、医薬品業界は景気の動向とはあまり関係なく業績が安定している。産業財団の保有する企業は、そのような産業やニッチな分野にたまたま、あるいは意図的に集中していることで、通常の企業とは異なる動きをみせていたのかもしれないのである。

　この点について、われわれは以下のように考える。財団保有企業の業績は上場企業のそれよりも一貫して安定的である。ある意味では、そのような安定的かつ持続的な業績それ自体が、社会への貢献の 1 つでもあるといえるかもしれない。

　この点についてくわしく調べるため、まず、企業規模、利益率、時間などの影響を考慮しながら、財団保有企業の人員削減の状況について分析した。そこから明らかになったのは、上場企業では 13% の確率で人員削減が行わ

れているのに対し、財団保有企業では 9% だったという点である。この意味は、上場企業の 7 社に 1 社が人員削減を行っているとき、財団保有企業の 11 社に 1 社がそれを行っている、ということである。より重要なのは、平時においては、上場企業も財団保有企業も人員削減の必要がないのであるが、業績が悪化したときに上場企業は人員削減に手をつけるのに対し、財団保有企業は雇用に簡単には手をつけない、という点である。

いくつかの変数をめぐる企業内の標準偏差についても調べてみた。企業の所有形態が異なることで、時間の経過とともにこれらの変数がどう変化するかをめぐるもので、企業ごとの違いによってもたらされる影響を抑えて観察したものである。ここから明らかになったのは、雇用、企業規模（資産規模）、成長率、利益率（ROA）、弁済能力、企業価値（市場価値ならびに負債・資産）のいずれにおいても、財団保有企業のほうが上場企業よりも安定的であるということであった。その差は統計学的に十分に有意なものと認められる。

これらをふまえると、財団保有企業はそれ以外の企業に比べて経済的により安定しているといえる。なお、それが財団が安定を志向していることからもたらされるのか、そのような安定した経営が許されるニッチな分野に集中しているのか、という点については、これだけでは明らかにはなっていない。

しかし少なくとも、財団保有企業と上場企業の行動の違いは、会社経営の目的や意義の違いに遡ることができると考えられる。それは第一に理論から導ける指摘である。また、さまざまな関連した変数の影響を排して分析を行って導くことのできる明瞭な観察でもある。たしかに一部の財団保有企業は、景気循環の影響を受けにくい業界で事業を行っている。とはいえ、すべての財団保有企業がそうだというわけではない。海運のように、景気の動向に敏感な業界も含まれているのである。

離職率

財団保有企業の経済的な安定性と似た状況が、労働市場をめぐる統計でも認められる。転職をめぐる状況である。社員数の変化についてはすでにみたが、それに加えて、補充があるかないかに関係なく、どれほどの社員が離職

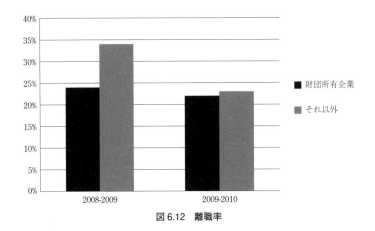

図 6.12　離職率

しているかを調べてみることにする。図 6.12 に示すように、財団保有企業とそれ以外の企業の離職率を、2008 年から 2009 年にかけての経済危機の前後に分けて調べた。離職率は、全社員のうちの何割がある期間のなかで離職したかをとったものである。

　ここから明らかなのは、財団保有企業における離職率の低さである。この違いは、2008 年から 2009 年にかけての経済危機の最中に顕著である。換言すると、財団保有企業は、より安定的な雇用主だということになる。

研究開発

　デンマーク企業は、研究開発に関するデータを定期的に開示していない。そこでわれわれは独自にアンケート調査を行った。これをもとに、上位 19 の財団保有企業の研究開発に関するデータを表 6.7 にまとめた。

　これら 19 社の研究開発への支出は、デンマーク企業全体の研究開発への支出の 43％ と、ほぼ半分近くを占める。

　この数字とは別に、産業財団は研究開発で 30 億クローナにおよぶ寄付を行っている。それを加えると、デンマークにおける研究開発支出の過半を担っていることになる。公的部門の研究開発支出はデンマーク全体の研究開発支出の 3 分の 1 なので、その分を除くと、民間部門の研究開発支出の 75％ 程度が産業財団によるものとなる。

表 6.7　財団所有企業上位 19 社の研究開発費

R&D 総額（単位：10 億クローナ）	24.1
デンマークの総 R&D に占める割合	43％

表 6.8　財団所有企業上位 5 社の R&D の内訳

	国内	海外	合計
R&D 総額（単位：10 億クローナ）	9.6	3.6	13.2
デンマークの総 R&D に占める割合	17％	6％	23％

　残念ながら、国際的な研究開発の広がりに関する情報は、さらに少ない。ここでは、財団保有企業の上位 5 社の情報を示す。

　これら財団保有企業 5 社の研究開発投資額は 132 億クローナで、そのうち 96 億クローナはデンマーク国内で行われている。これはデンマーク全体の研究開発支出の 20％ に相当する。

財団による寄付活動

　財団の慈善活動については、10 章で詳述する。ここでは、その経済上の意義について指摘するにとどめたい。財団は企業を経営している一方で、慈善活動も行っている。われわれの計算では、年間 50 億クローナ前後の寄付が行われているとみられる。これは 2012 年の GDP の 0.25％ に相当する。金額自体は大きいものの、財団保有企業の事業活動の規模や政府の予算、そして経済全体からみれば、規模の大きな活動とはいえまい[4]。

結論

　デンマーク経済にとって、産業財団はきわめて重要な存在である。デンマーク経済の 5％ から 10％（使う指標によって変わる）、国際ビジネスの 20％程度、株式市場における時価総額の 70％ 以上、研究開発の 50％ を担っている。これらはいずれも、デンマーク経済における産業財団の重要性を明瞭

---

(4)　ラオとトムセン（2012）を参照。

に示すものである。

　もちろん、このような存在感が、そのままデンマーク経済への貢献と同義であるというわけではない。産業財団が存在していなければ、これらの企業活動が行われていないというわけでもないからである。これらの企業は、創業家が直接保有を続けていたり、機関投資家や一般投資家が保有していたりする形で、存続していることも可能だっただろうし、そのような場合でも、デンマーク経済に大きな存在感を持ち、今以上の貢献を行っていたかもしれない。もちろんそうではない可能性もある。所有形態が変わると、企業の活動はどのように変わるのか、という問いについては、今後のさらなる研究を待ちたい。

　とはいえ少なくともわれわれの研究から、産業財団がデンマーク経済に対して、一定の安定性をもたらしていたことは明らかにできたと考える。2008年の金融危機では、財団所有企業のほとんどが大きな損失を出さずに事業を継続していた。上場企業に比べて雇用を守り、売り上げを含む財務指標も悪化していなかった。安定的な雇用主の立場を守り、離職率も低かった。

　その背景には、第一に、産業財団が理論的にもリスクに対して慎重な態度をとることがあげられる。財団は、特定の企業に集中して株式を保有しているため、複数の企業の株式をポートフォリオ的に所有する場合に比べて、リスクに慎重にならざるをえないからである。第二に、財団の定款に、所有企業の永続と発展が明記されており、財団の理事は、信任義務を負っている。第三に、よりリスクの高い投資案件でも比較的容易に資本を調達できる上場企業と異なり、財団は資本市場からのリスクマネーの調達が容易にはできない。

　もちろん、財団がリスク回避的ということで、すべての説明ができるというものでもない。デンマークの産業財団は巨額の研究開発投資を行っているが、これは長期的で先が見通しにくい、リスクの高い投資である。これらの企業はまた、率先して国際ビジネスに乗り出しているが、これもまたリスクの高い分野だといえる。そのようにみると、デンマークの一般的な企業に比べて、財団企業は保守的というよりも、起業家的とすらいえるのである。

第7章
デンマークの
産業財団所有企業の業績[1]

概要

　産業財団をめぐる研究で最大の関心は、財団保有企業の競争力をめぐるものである。財団傘下の企業は、一般の企業に比べてよりすぐれた業績を出しているのか、あるいは逆に劣っているのか。もしも財団保有によって企業の業績が劣っているというのであれば、財団が企業を所有経営することを制限する政策の導入を検討することも必要かもしれない。逆に、財団傘下の企業の業績がすぐれているということになれば、たとえば長期的経営など、なんらかの財団保有の優位性が示されるかもしれない。

　本章ではデンマークの産業財団を対象に絞り、財団所有企業の業績を分析する。考察対象は純資産利益率（ROA）を中心とした財務上の業績だが、これに加えて、売り上げの成長性や生産性などについても検討する。また、非財務的な業績の観点から、企業の評判・名声についても考察する。

理論

　エージェンシー理論によれば、財団保有企業の業績は期待できないはずで

（1）　本章はボースティンほか（2014a）に依拠する。

表7.1　財団所有のメリットとデメリットをめぐる理論

メリット	デメリット
長期的な意思決定	個人へのインセンティブの欠如
承継	（分散投資ではないことの）リスク集中
ステイクホルダーへの配慮	資金調達上の制約
アイデンティティ	過剰投資
財務上の安定性	市場メカニズムを通した統治の欠如
社会的な正統性	企業の目的の拡散

ある。企業の所有者としての財団は、通常の企業の所有者が持つとされる利潤最大化の動機を持っていない。通常の企業のように、経営権の所有を分散してリスクを広く共有することもできない。多くの株主によって所有されている企業に比べ、資本のコストが高いということになる。また株式市場からもたらされる、経営への市場の規律も及ばない。

　他方で、財団所有企業は、長期的な経営や事業承継、さまざまなステイクホルダーとの関係性などでユニークな優位性を持つと考えられる。それらの優位性によって、たとえば同族企業や通常の上場企業よりも高い業績を上げる可能性もある。また、多くの同族企業の経営で起こる事業承継問題、所有権の拡散問題、同族間の対立問題などを回避することもできる。

　表7.1に業績へのプラスやマイナスの貢献の可能性のある要因を挙げてみた。

財団所有企業のメリット

　まずプラスの側面から考えてみる。財団は本質的に、企業を長期的に保有することを使命とする。短期的な利益や配当を最優先で求めるものではない。株式市場の変動、収益の変化、ヘッジファンドからの圧力など、通常の上場企業がさらされているような圧力にはさらされず、長期的な観点から経営を行うことができる。シュタイン（1989）は、株主が長期的な投資に関心を持たず、当期利益ばかりに関心を向けているとき、経営者はいかに短期的に行動するかをモデル化した。ケイ報告書（ケイ、2012）は今日の株式市場で、このような動きがいかに現実のものとなっているかを明らかにした。財団所有企業は、そのような企業とは異なり、長期的な観点からの経営が行えるの

である。

　財団による経営権の所有は、創業者から第二世代や第三世代への承継のような、創業家の事業承継をめぐる課題を克服するうえでも、メリットがある。これらは現実に厄介な問題として知られている（ベヌドゥセンほか、2007；メロタほか、2012）。複数の創業家メンバーが株式を分割して個別に相続した場合、遺族の間で利害対立が起こると事業承継がうまくいかなくなる。それに対し、創業家メンバーが財団を通して共同で事業承継を行い、財団の理事会を共同で仕切ることができれば、そのような問題を回避することができる。また、創業家メンバーは財団の理事会に関与せず、財団に事業承継を任せるという方法もある。

　理論的には、財団所有企業は利潤最大化ではなく事業の永続性を目的とする点で、さまざまなステイクホルダーとの長期的な関係を保つことができる。これは、ハンスマン（1980）が契約の失敗における非営利組織の意義を指摘した点でもある。たとえば商品の品質に関する情報の非対称性があるとき、消費者にとって、非営利組織の作る商品のほうが営利企業のそれよりも好ましいと考える、というものである。非営利組織は利潤最大化の圧力にさらされておらず、品質を犠牲にして費用を削減する必要が少ないからである。この議論を、社員やそれ以外のステイクホルダーにも応用することができる。情報の非対称性があるとき、ステイクホルダーの多くは営利企業との取引よりも、財団所有の企業と取引することを好むのではないか。この点で、顧客や従業員からの信頼や、取引先からの協力を得る点で優位性があるといえるだろう。ポーターとクレーマー（2002）が提唱するCSV経営〔共有価値の創造〕にもつながる議論である。

　財団の理事会には経済的な動機づけが希薄だとしても、アカロフとクラントン（2010）が指摘するように、理事会は、財団そのものによって動機づけられている。財団保有企業の経営層や社員も、配当として分配された自社の利益は、再投資されるか慈善活動に使われると知っているため、通常の企業とは異なる動機づけを持つ。ホルメンとダイク（2012）はこの点を調べるために実験を行った。それによると、財団所有企業の社員は、より活発な慈善活動のために利益を確保しようと、通常の企業よりもより粘り強く交渉を

行っていたというものである。

　また財団所有企業は、低レバレッジと安定的な収益を実現するため、財務的に手堅い経営を行うという点にもメリットを認められる。ドゥタとラトナー（1999）は、事業の継続を高い優先順位におく企業（財団所有企業はまさしくそうである）において、レバレッジが低くなることを明らかにしている。ハンスマンとトムセン（2013b）やボースティンら（2013b）の研究は、実際に財団所有企業は低レバレッジであることを示している。ハンスマンとトムセン（2013b）はまた、業績の変動も小さい（会計上の収益、ならびに株主利益率における標準偏差）ことを明らかにした。変化の激しい業界において、競争相手を安く買収することができるなど、戦略的な強みがあることを示唆するものである。

財団所有のデメリット

　財団所有には負の側面もある。その１つが、財団は利潤最大化の動機を持っていないため、傘下企業を注意深く経営監督しないかもしれない、というものである（ファマとジェンセン、1983）。エージェンシー問題がはびこり、管理統制主義、権力拡張、放漫支出、自己保身などが起こりやすいかもしれない。

　産業財団は、特定の企業の株式の過半を保有している。これは所有する企業を分散できない状態であり、理論的には、多くの少数株主によって保有されている上場企業と比べてリスク受容がきわめて低くならざるをえないことを意味する（ファマとジェンセン、1983）。換言すると、財団はきわめて特殊なリスクを大きく負っている。そのため、いっそうリスクに敏感にならざるをえない、というものである。

　財団所有企業には、資本調達での制約もある。傘下企業に資金が必要になっても、財団に余剰資金がなく、しかも株式発行や銀行からの融資による資金調達にともなって財団の持つ経営権が希薄化されることを好まない場合、資金調達の方法がないからである（ファマとジェンセン、1983）。逆説的だが、このような状況において、財団所有企業は通常の企業よりも短期的な行動に出る可能性がある。ハンスマンとトムセン（2013b）の調査によれば、財団

所有企業の成長は、それ以外の企業に比べて遅いが、これは、リスク回避的な経営に加えて、資本調達をめぐる制約も影響していると考えられる。

　逆の問題もある。財団所有企業のキャッシュフローがプラスの場合、仮に自社以外への投資がより多くの収益を生み出す可能性があっても、同じ理由から自社への再投資を行いがちだというものである。これは過剰投資であり、資本の限界効率が低い状態を意味する。

　財団所有企業は、通常の上場企業よりも売却されにくい。上場企業であれば、市場を通して経営権を握ることができるが、財団所有企業はそれができないからである（マン、1965）。つまり財団所有企業は、上場企業の経営者が業績向上の圧力を受ける株式市場からの規律を、根本的に欠いているのである。自律と永続を主要な目的の1つとする財団所有企業は、M&Aによる業界の合併統合と相いれない。統合を通した業績向上をめざしにくいという点でも不利だといえる。

　財団所有企業はまた、社員の福利や事業の立地など、所有者の掲げるさまざまな目的を掲げていることがある。そのため、短期的だけでなく長期的にも利潤を犠牲にする可能性がある（ジェンセン、2001）。

仮説

　このように、理論からだけでは、メリットがデメリットを上回るかどうかを明らかにすることはできない。とはいえ、これらの理論をふまえると、事業環境やそれ以外の条件のもとで、財団所有企業の相対的な業績を予測することは可能である。もちろんそのなかには、同じ条件からメリットもデメリットも同時にもたらされるかもしれない。ある状況のなかで、それはプラスに評価できるかもしれないし、それ以外の状況では、マイナスに評価されるかもしれない。

先行研究

　これまでの研究からは、財団所有企業は伝統的な所有形態の企業よりも平均して業績が悪いと結論されるものはなかった。

　トムセン（1996）は、デンマークにおいて金融を除く上位300の企業の

1982 年から 1992 年までの業績のサンプル調査を行い、財団所有企業の業績を、上場企業や同族企業の業績と比較した。それによると、ROE、ROA、売上成長率、のいずれにおいても、財団所有企業がそれ以外の企業と際立って異なるという点は見いだせなかった。ただし、利益率はきわめて高く、総資産回転率はきわめて低いということも明らかになった。また（株式を資産で割った）債務支払能力はきわめて高く、（自己資本利益率の標準偏差で示す）利益変動性は低いことも示された。

トムセン（1999）は、財団所有企業の比較的良好な業績をどのように考えるべきかについて考察を行った。まず、（独占のレントによる）市場支配力や税制上の優遇、少数株主や債権者による経営の監視、などでは十分な説明ができないことを明らかにした。創業家が経営に携わっている財団所有企業には好業績の企業が多いことも認められたが、その相関性は強くなく、財団所有企業の業績全体を説明できるものではないことも示した。他方で、企業の創業年数が古くなるほど、財団所有企業の業績があがらなくなるという相関性も明らかにした。

トムセンとローズ（2004）は、コペンハーゲン証券取引所に上場されている企業の 1996 年から 1999 年までの動向を調べた。サンプル調査の対象 171 社のうち 20 社が財団により過半の経営権を保有されていた。そのいずれも、リスク、調整後の株式収益率、会計上の収益率、企業価値（トービンの Q）のいずれにおいても、上場企業と同等かそれ以上であった。

ハーマンとフランク（2002）は、ドイツにおける財団所有企業の業績について調査を行ったが、通常の上場企業の業績とそん色ないものであった。利益率についてはやや上回るが、その差はさまざまな条件を考慮に入れると、ほぼ無視できる程度のものだった。ドラハイムとフランク（2015）のその後の研究によると、ドイツの財団所有企業の業績は、ROA がやや低いものの、大きな差というほどのものではないことが示されている（第 5 章参照）。

ザンシ（2011）は、ストックホルム証券取引所に上場されている、26 の財団所有企業の 1999 年から 2005 年までの業績について調査した。ここでの財団所有企業とは、財団が 20% 以上の株式を保有している企業を指す。それによると、財団所有企業のほうが通常の上場企業よりも（限界 Q で測る）

投資成果は高いが、機関投資家や同族系など経営に関与する大株主のいる企業との比較では、ほとんど変わりがなかった。

　ハンスマンとトムセン（2013b）は、デンマークとスウェーデンの上場・非上場の財団所有企業の 2003 年から 2009 年までの業績を、北欧の上場企業のそれと比較した。業界や企業規模ごとにみた場合、会計上の収益性（ROA）や企業価値において、非上場の財団系企業の業績は上場企業のそれを下回っていたが、上場されている財団系企業のそれは上回っていた。またすべてに共通して、財団系企業のほうが上場企業よりも、業績の変動が少なく安定的である一方、成長率もゆるやかであった。

　ボースティンら（2014a）は、これまでの研究では対象とされてこなかった小規模な非上場のものも含むすべてのデンマークの財団所有企業の 2000 年から 2012 年までの業績を分析した。これによると、財団所有企業はそれ以外の企業に比べて、会計上の収益（ROA）が低く、成長がゆるやかであった。他方で、要素生産性は高いうえに、生産性の向上率は他の企業と同等であった。また、財団所有企業の業績は、企業規模によって大きく異なることも示された。規模の大きいものは、ROA で測る業績が通常の企業に比べてきわめてすぐれている一方、規模の小さいものは低かったのである。大規模な財団所有企業が経済活動の大半を占めていることから、企業規模で調整した財団所有企業の平均は、それ以外の企業に比べて業績が高いといえる。またこれらの企業は（収益の変動が小さい）低リスクであり、リスク調整後の会計上の収益は、通常の企業と大差ないことが示された。

　最後に、クーンとトムセン（2015b）は、2000 年から 2012 年までの財団所有企業の業績の決定要因（業績の原動力）を調べた。どのような理由で、一部の財団所有企業の業績がそれ以外の企業のそれよりもすぐれているのか、それらの要因はどの程度、財団に特有のものと認められるのか、あるいは通常の企業にも当てはまるのか、をめぐるものである。これによると、企業規模、株式保有、研究開発の規模、取締役会の独立性、業界特性が、財団所有企業の業績と関係する要因であることが明らかにされた。これらのなかでもとくに、企業規模と研究開発の業績への影響は、通常の上場企業におけるそれらの業績への影響に比べて、明確に大きいことが示された。

表 7.2　規模別の総資産利益率（ROA）2000-2012

2000-2012	財団所有企業	その他	全平均
中小企業	0.6%	2.9%	2.8%
大企業	5.0%	3.6%	3.9%
全企業 （平均）	1.9%	3.0%	2.9%
全企業 （加重平均）	5.4%	3.2%	4.1%

出典：Børsting et al.(2014a)

企業規模の影響

　ここまでの考察から明らかなのは、利益で測る財団所有企業の業績は、企業規模が大きいほど通常の企業のそれよりも高くなる一方、規模が小さいほど業績は下回る、というものである。すなわち、財団が企業を所有することによる業績への正の影響が明確に認められるかどうかは、企業規模によって決まる。

　表7.2はROAを企業規模で分類したものでもある。まず、企業規模の大小は総資産の中間値をもとに分類する。これを使うと中間値である14億クローナ（約2億ドル、または1.9億ユーロ）よりも総資産が大きい企業が大企業、それ以下が小企業となる。なお、この表の作成にあたっては、多くの財団は決算を連結して公表していないため、われわれは注意深く独自にデータをまとめていった。その際、金融系（一部の持ち株会社を含む）、政府系（たとえば住宅公社）、および慈善活動を主たる目的とした企業は除外した。その結果、83企業が残ったが、そのうち31社が大企業、残り52社が小企業に分類された。これらを、同様の分類を行った財団所有ではないその他の企業（大企業135社、小企業921社）と比較検証したものである。

　そこから明らかになったことの第一は、財団所有企業の勘定利益の平均（ROA）は1.9%で、それ以外の企業の3%に比べて若干低い、というものである。財団所有企業がそれ以外の企業に比べて業績が悪いという点は、エージェンシー理論から導かれる予想に適っている。ボースティンら（2014a）は、この結果は、企業規模、資本構成、業界、時間など関連する制御変

表 7.3　売上、総資産、総資産利益率（ROA）

10 億クローナ	売上	総資産	ROA%
財団所有企業	381	6870	5.5%
その他	538	14082	3.8%
合計	919	20952	4.4%

出典：Børsting et al.(2014a) に基づき著者算出

数に基づいて統計的に信頼性の高いものだと明らかにした。なお、財団所有企業は総資産利益率（ROA）の標準偏差（STDROA）でみた利益変動率が低く、リスク調整した利益率（ROA/STDROA）は通常の企業と変わらないという結果も出ている。

　第二に、財団所有企業の業績は、企業規模により大きく分かれることもあらためて明らかになった。一般論として、企業規模が大きいほど業績が良いとされるが、その差は財団所有企業において、より大きい。小規模な財団所有企業は ROA が 0.6% と 1% を切っており、ほとんど利益を出していない。他方で大規模な財団所有企業は ROA が 5.4% と財団所有企業の平均を大きく上回っているだけでなく、通常の大企業のそれよりも大きいのである。

　第三に、大企業は総資産の多くを占めることから、企業の総資産で調整した財団所有企業の業績は、通常の企業のそれよりも良いことがわかる。この点も含めると、財団所有企業の業績は通常の企業の業績よりも良いと結論づけることができよう。

総収益率

　一見すると表 7.2 からは、財団所有企業の業績はそれ以外の企業の業績よりも悪い、という印象を受けるかもしれない。しかしくわしくみると、そうではないことが理解できる。産業財団による合計 6 兆 8700 億クローナの株式投資は、毎年 3810 億クローナの収益を生み出している。これは 5.5% の利回りに相当し、通常の投資収益率 3.8% を大きく上回っているのである。これが表 7.3 の示すところである。

　この一見、矛盾した結果の背景には、デンマーク経済における大企業の存

在が関係していると考えられる。われわれの調査対象企業が調査対象期間に
あげた純利益は9120億クローナだったが、そのうち大企業が8010億クロー
ナをあげている。そのなかの41%にあたる3810億クローナは財団所有企業
によるものである。他方で、小規模な財団所有企業として分類された企業に
よる純利益は34億クローナであった。これは大規模な財団所有企業があげ
た純利益の1%にも満たない。したがって、財団所有企業の業績を分析する
もう1つの方法として、表7.3のように投資総額に対する収益率を検討する
ことが重要となる。そこで示される最終的な結果は、表7.2とあまり変わら
ないものとなる[4]。すなわち、財団所有企業は総資産利益率（ROA）5.4%
を実現し、通常の企業が3.2%であるのに対してきわめてすぐれた業績を実
現していたのである。

規模の効果の源泉

　なぜ財団所有企業の業績は、規模が大きいと良くなるのか。その理由の1
つが、規模によってもたらされる財団の優位性である。たとえば企業の規模
が大きくなればなるほど、投資計画や事業計画などで長期的な観点からの経
営の重要性が高まる。その点で、長期的な企業の存続をめざす財団との整合
性が高まる。他方で企業規模が小さい場合、市場の厳しい荒波に直面する。
そこでは、長期的な観点や多面的なステイクホルダーとの関係性などよりも、
短期的に柔軟に対応することのほうがはるかに重要となる。実際、生き延び
るのに精一杯の企業にとって、長期的な観点はほとんど意味がない。そのよ
うな状況にある企業にとっては、財団保有による経営よりも、創業者や同族
による経営のほうが、より直接的かつ素早く対応できる点でメリットが大き
い。他方で、企業規模が大きくなると、そのような創業者や同族に集約され
た経営からのデメリットが現れ始める。多方面に分かれる経営のプロフェッ
ショナルに権限を委譲する意義が大きくなる。また、必要な資本が大きくな
るため、より多くの投資家から資金調達を進める必要も出てくる。このよう

---

(4)　表7.1で加重平均したROAは4.1で、表7.3のROA4.4と異なるが、これは表7.2に
　おいて外れ値処理（ウインザー化）を行ったことによる。この処置を行わなかった場
　合は4.4となり、表7.3の結果と同じになる。

にして、所有と経営の分離の必要性が高まってくるのである。

統計的管理、マッチング、差分の差分

　財団保有企業とそれ以外の企業との業績の比較から導ける示唆には、限度がある。違いがあるとして、どのような因果関係のもとにそれが生まれているかについては、なにも決定的なことを明らかにできないからである。リンゴとミカンを比較して、どのような意味があるのか。同様に、産業や企業規模、それ以外の関連する要素を無視した平均値を考察してどのような意味があるのか。このような指摘には、統計的な手法を使い、複数の変数を考慮し、対象を適切に選択することで、ある程度応えることができる。もちろん、適切にデータを分類管理できたところで、統計に基づく分析によっても明確な因果関係を明らかにできるものではない。財団保有企業は、それ以外の所有形態のもとでも、同じかそれ以上の業績をあげることができていたかもしれないということを、明快に否定できるような証拠を突き止められていないからである。

　できることなら、複数の同一企業というのを存在させ、その 1 つを財団保有に、それ以外をその他の所有形態にして業績を測るといった実験をやってみることだ。そうすれば、所有形態を財団に変更することで、それ以外の企業に比べて、なにが変化するか（あるいはしないか）を観察することができる。しかし現実には、そのようなことはできない。したがって、まずは統計的な手法を使って、なにをどこまで明らかにできるかを示したい。そのうえで、所有形態の変更が業績にどのような影響を及ぼすかについて考察したい。

　ハンスマンとトムセン（2013b）は、2 つのデータベースを組み合わせて財団保有企業の業績を上場企業のそれと比較した。1 つは主に非上場の財団保有企業 121 社の 2003 年から 2008 年までのデータベースで、もう 1 つは、北欧の上場企業のデータベースである。財団については、デンマークのビジネス経済省の財団課の管理する、約 1100 の産業財団のリストをもとに、2006年の時点で以下に掲げる条件の少なくとも 1 つに該当するものを選び出した。（1）50 人以上の社員を雇用している、（2）3000 クローナ（約 600 万ドル）以上の資産がある、（3）4000 万クローナ以上の売り上げをあげている。こ

れが、121 の財団所有企業である。そのうえで、財団が企業の議決権の 50%
以上を保有しているという条件を加え、113 財団所有企業に絞り込んだ。そ
れからスウェーデンの 21 財団所有企業を付け加えた。それらについて、ガ
バナンス形態や財務上の変数に基づいて手作業でデータを集計し、パネル
データを構築した。なお、すべての項目を網羅できているわけではなく、か
なり不完全なパネルデータとなった。

　北欧の上場企業のサンプルは、デンマーク、フィンランド、ノルウェー、
スウェーデンで 2001 年から 2008 年の間に上場されているすべてである。伝
統的な株主構成を持つ企業に加え、財団が実質的に経営している企業でも上
場しているものを含めた。これらの上場企業については、財務や市場関連の
変数、ならびにガバナンスをめぐる変数のかなりを対象とできた。上場中の
企業の人口動態や、企業の上場廃止についてもカバーできた。なお、金融機
関（SIC6000 - 7000）は含まなかった。財務データは、Worldscope/Thomson
Financial Database、所有形態に関するデータは Thomson Ownership Data-
base を使った。またスウェーデンの財団保有企業の研究（ザンシ、2011）を
ふまえて、同国の 21 の財団経営企業を抽出した。

　2 つの異なるデータベースを組み合わせた理由は、財団保有企業の業績を
比較評価するためのベンチマークを使うためである。たとえば業界も企業規
模も同じ複数の企業の業績を比較することができる。もちろん異なるデータ
ベースを組み合わせることで、測定が不正確になる可能性がある。とくに問
題となりうるのが、情報開示の範囲や公開にともなう法的責任の有無、新規
株式公開（IPO）の基準などが、上場企業と非上場企業とで異なる点である。
異なる国のデータを統合することをめぐる問題もある。われわれは、北欧諸
国の会計法や会計基準はお互いに似ていると考えている。しかし産業構造は
異なるし、マクロ経済状況も異なる。通貨も異なっている。実際、投下資本
利益率や企業の成長率は、特定の国（フィンランド）で際立って高い。他方
でデンマーク（財団保有企業を除く）はきわめて低い。ダミー変数を使って、
このような国による違いをコントロールすることはできるので、われわれは
統計手法を使って処理していく。しかし、デンマークとスウェーデンにおけ
る財団所有との多重共線性のリスクは明らかである。

表 7.4　総資産利益率（ROA）

産業及び規模に基づく非上場財団所有企業と上場企業の比較（2004-2009）	平均	中間値	標準偏差	N
上場企業（非財団所有）	8.6	9.5	11.6	317
非上場財団所有企業	4.3***	4.2	6.7***	344
合計	6.3	6.2	9.6	661
産業および規模に基づく上場財団所有企業と上場企業の比較（1995-2009）	平均	中間値	標準偏差	N (firm years)
上場企業（非財団所有）	6.6	7.5	11.5	394
上場財団所有企業	10.2***	8.7	9.1***	407
合計	8.4	7.9	10.5	801

出典：Hansmann and Thomsen（2013b）
* ＝ 10％ のレベルで有意、** ＝ 5％ のレベルで有意、*** ＝ 1％ のレベルで有意（不等分散 t-tests）

　われわれは、回帰分析（クラスター OLS および中央値回帰）で企業規模（資産）、資本構成（負債／資本）、および、年次や産業などその他の変数をコントロールした。その結果、財団所有企業はそれ以外の企業に対して、ROA（総資産利益率）で小さいながらも明白な正の関係を持つことを明らかにした。財団所有企業を上場と非上場に分けて分析した場合、非上場の財団所有企業は、上場されている財団所有企業およびそれ以外の所有形態の企業よりも業績が劣っていた。これは、上場と非上場の質的な違いを考えると十分に理解できるものである。なお、上場企業については、同じ産業のなかでは、財団所有の上場企業のほうが、財団が所有していない上場企業よりもROA が高いという結果も明らかにされた。

比較分析

　回帰分析に代わる分析方法として、標本比較がある。表 7.4 に示すように、われわれは財団所有企業の ROA（総資産利益率）の平均値、中央値、標準偏差を、一定の条件下のそれ以外の企業のそれと比較した。その際、調査対象の財団所有企業と可能な限り同等の企業を探し出すことに細心の注意を払った。北欧の上場企業を比較対象とした理由もそこにある。とはいえ、この手法の妥当性については、われわれ自身も決して満足しているわけではな

い。たとえばカールスバーグ社との比較対象は、フィンランドの小さなビール醸造会社となった。ノボノルディスク、ルンドベック、レオと比較できるような製薬企業や、A. P. モラー・マースクと比較できるような海運企業は、他の北欧諸国には見あたらない。

　まず、デンマークの非上場の財団所有企業を、財団所有企業のデータがとれた 2004 年から 2009 年までの期間について、同業で企業規模（資産ベース）も似た北欧の上場企業と比較した。そこから明らかになったのは、財団所有企業のほうが、ROA も、ROA の標準偏差も低かったというものである。上述のように、その理由の一部は財団所有企業側にではなく、比較対象の選択にある可能性もある。

　次に、上場している財団所有企業と、業界や企業規模が同じそれ以外の上場企業とを比較した。ここからは、財団所有企業のほうがベンチマークされた企業に比べて、はるかに高い ROA を実現していた。財団所有企業の ROA は中央値で 10.2% であり、その他の企業の中央値 6.6% を大きく上回っていたのである。また ROA の標準偏差も 9.1 と、その他の企業の 11.5 よりもすぐれていた。

　ハンスマンとトムセン（2013b）は、株主総利回りや企業価値など、ROA 以外の業績評価基準についても調べているが、それによると、そのいずれにおいても、財団所有企業はそれ以外の企業を上回っていた。

　これらをふまえると、先に紹介した研究結果から得られた財団所有企業の業績に関する示唆を、あらためて確認できたといえる。すなわち、企業規模が大きく上場している財団所有企業は、それ以外の大企業よりも利益率でみた業績がすぐれている。他方で、企業規模が小さく、かつ上場していない財団所有企業は、それ以外の企業よりも業績が劣っている。数の上では、多くの財団所有企業の業績がすぐれていないことになる。しかし、大企業が経済活動の過半を行っていることを考慮すると、違った様相が見えてくる。さらに、財団所有企業は財政的に過大なリスクを避ける傾向がある。負債資本倍率は通常の企業よりも低く、より安定した収益率を実現している。したがって、リスク調整後の業績は、その他の企業に引けをとらないともいえる。

差分の差分

　技術的には、比較法と統計処理による考察は、いわゆる介入群（財団所有
企業）と対象群の間に存在する不要な差異を最小限にすることができる。し
かし、さらにもう1つのやり方で、実験計画法における介入効果の測定に似
た財団所有への、または、財団所有からの移行の効果を測定することができ
る。もちろん実際には、そのような測定は簡単なことではない。というのも
財団所有企業が永続することをめざして、そのような企業を所有するために
財団が創設されているからである。とはいえまれに、財団は他の企業を買収
することがある。クーンとトムセン（2015b）はそのような事例に着目し、
所有形態が財団に変わることによる変化を調べた。そこから明らかになった
のは、所有形態の変化によって業績に大きな変化はなかったというものであ
る。

海外直接投資の収益性

　財団による所有と企業の収益性との因果関係を明らかにする別の方法は、
それらの企業の限界投資の収益性を分析することである。財団所有企業がす
ぐれた収益性を誇っているとして、それらの企業が行う追加的な投資が、そ
れ以外の企業の投資の平均的な収益率よりも高いとはいえないのではないか。
この点を検証する方法として、われわれはデンマーク企業の海外直接投資の
収益性を分析した。データの収集にあたっては、デンマーク中央銀行にお世
話になった。海外直接投資の収益性に着目したのは、企業が財団所有形態に
移行したのちに直接投資が始まったという前提が成立するからである（図
7.1 参照）。

　そこから明らかになったことは、2005 年から 2011 年までの間に財団所有
企業は、それ以外の企業に比べて、より高い海外直接投資のリターンを実現
していたというものである。すなわち、財団所有企業のほうが、それ以外の
企業よりも、海外直接投資の収益性が一貫して高かった。

　もちろん、これまでみてきたすぐれた業績を出している財団所有企業が、
海外事業でも同様に平均以上のすぐれた業績を出しているだけのことかもし

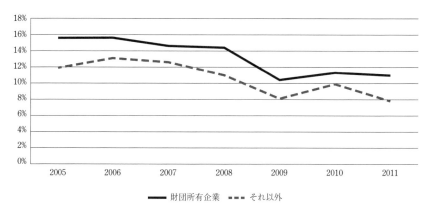

図 7.1　対外直接投資からの収益率

れない。

業績の背景

　表面的に業績を追跡するだけでなく、具体的にどの財団所有企業がなぜすぐれた業績を出しているかについて、個別にみていくことも意味のあることであろう。

　クーンとトムセン（2015b）は、財団所有企業の業績の背景について分析を行った。まずデンマーク企業の業績を、収益性と成長性の両面で、好業績、中業績、低業績の３つに分けた。そのうえで、どのような背景要因が業績と関係しているかについて、分類してみたものが、表 7.5 である。

　ここから明らかにされるのは、財団所有企業のなかで業績が低いのは、中程度の業績を出している企業よりもさらに小規模な企業だという点である。この傾向は、統計的に明白な違いといえる。換言すると、企業の規模と業績とは正の相関を持っている。ところが、それ以外の企業においては、状況が異なる。そこでは、低業績企業の企業規模は、中程度の業績を出している企業のそれよりも大きく、さらにそれらは、好業績企業の企業規模よりも大きい。つまり、企業の規模と業績とは負の相関を持っている。財団所有企業とそれ以外とでは、企業規模と業績との関係が違うのである。

　また、研究開発についても、財団所有企業においては企業業績との関係が

表 7.5　業績別の企業分布

	業績		
	低業績	中業績	好業績
規模（総資産）			
財団所有企業	314.4	830.7	10621.5
その他企業	91.4	75.1	63.1
研究開発活動（R&D）			
財団所有企業	2.3%	4.3%	11.3%
その他企業	0.3%	0.3%	0.3%

出典：Kuhn and Thomsen（2015）

明らかである。好業績の財団所有企業は、非常に活発な研究開発活動を行っているのに対して、低業績企業の研究開発は低調である。ところが、それ以外の企業では、業績水準とは関係なく活発ではない。研究開発は、財団所有企業においては業績向上の源泉とみなせるのに対し、それ以外の企業ではそのような関係は認められないというわけである。

　もちろん、財団所有企業かそれ以外かに関係なく、業績向上に共通して結びつく要因がある。たとえば自己資本や株主資本で、株主資本が 20% 以下の企業の割合を調べるというものがある。これを使って調べてみると、そのような財団所有企業で好業績のものはほとんど存在しなかったが、それ以外の企業についても、この点は同様であった。ここから導ける考察は、より成熟した知識集約的な産業において、財団所有企業は競争優位がある、というものである。

その他の業績測定項目

成長

　実証研究によれば、一般に財団所有企業の成長率はそれ以外の企業よりも低いが、より安定的に成長する。たとえばボースティンら（2014b）は、2000年から 2012 年までの間にデンマークの財団所有企業は平均 4.8% の成長を、

その他の企業は 6.7% の成長を達成していたことを明らかにした。ハンスマンとトムセン（2013b）は、比較対象となる企業群を絞り込んだうえで調査を行ったが、結果は同様のものであった。

　1つの説明は、財団所有企業は M&A によって所有が希薄化されることが少ない、というものである。これは財団が、所有する企業の経営権を維持し続けようと努力していることからもたらされる。また財団所有企業は、保守的で手堅い財務を行っており、借り入れに頼った買収といった手法はほとんどとらないことも指摘できる。

生産性

　ボースティンら（2014b）は、財団所有企業がその他の企業よりも高い全要素生産性を実現しているが、平均的な生産性の成長率はその他の企業のそれを下回ることを明らかにした。クーン（2015）は、財団所有企業の労働生産性（労働者1人当たりの付加価値）がその他の企業のそれよりも高いことを見いだしている。

企業の評判

　労使関係、社会的責任、顧客の信頼などを含む企業の評判は、収益性などの「ハード」な項目に加えた「ソフト」な業績測定項目と考えられる。良い評判は、経済的な価値を持つ無形資産とみなされる。そのおかげで、たとえばよりすぐれた人材を採用できたり、顧客により高い価格を求めたりすることが可能となるからである。

　財団の慈善活動は、財団所有企業の評判にプラスの影響を及ぼしていると考えられる。とはいえ、実際にどれほどの影響があるのかについては、明らかにされていない。それ以外にも、社会的な責任経営や長期的な観点からの経営など、財団所有企業の事業活動に特徴的と考えられている企業行動も、プラスの影響を及ぼしているはずである。

　われわれは以下のように、財団所有と企業の評判との関係について、デンマークの調査会社 IFO による 2002 年から 2011 年までの国内 140 社の企業イメージに関するデータを使った、ごく簡単な分析を行った。この調査は、

表 7.6　企業イメージ

企業イメージ：以下の項目に分けて集計
社会的責任：企業は環境や雇用、社会への責任を果たしているか
財務上の健全性：企業はすぐれた経営のもとで健全な財務を実現しているか
イノベーション：企業はイノベーションを起こし、すぐれた商品やソリューションを提供できているか
広報：経営層は、企業のビジョンや価値を対外的に効果的に発信しているか
品質：企業は製品やサービスの品質を維持向上することに努めているか
経営：企業が直面する課題に向き合い、すぐれた経営を行っているか
社員：社員は優れた能力を持ち、顧客へのサービスに注力しているか
信用：企業の社員や経営層は誠意をもって有言実行で仕事をしているか
競争力：企業は健全な経営により利益をあげ、競争力を維持しているか

　米フォーチュン（Fortune）誌などが行っている企業イメージ調査と同等のもので、デンマークのビジネス誌で公表されてきたものである。当該企業についての知識を持つ企業人を対象に、質問票形式で実施されたもので、データは企業の参入や退出を含むランキングの長期的な変化を追っている。これによると、18 の財団所有企業と 69 のそれ以外の企業が、当該の期間に継続してランクされていた。経営の質、企業の社会的責任、労使関係、商品の品質、イノベーション、財務的な健全性、広報、競争力などについて評価されている。1 のほうが 2 よりもすぐれている、というように、勝ち抜き戦のように点数化されてランクされたものである。

　表 7.6 に、質問票の具体的な内容を転載する。

　その結果を、われわれは図 7.2 のように、所有形態に基づいてプロットした。そこから明らかなことは、財団所有企業のほうがそれ以外の企業よりも、企業イメージが良い（財団所有企業の平均スコアが 40 前後なのに対し、それ以外の企業の平均スコアは 80 前後）というものである。

　企業イメージをめぐる財団所有企業の優位性は大きく、かつ統計的に有意である。大雑把な分析ではあるが、財団所有企業の企業イメージは、その他の企業のそれよりも 2 倍もすぐれていることになる。しかも時間の経過とともに、その優位性はさらに増しているようである。この点は、それぞれの項

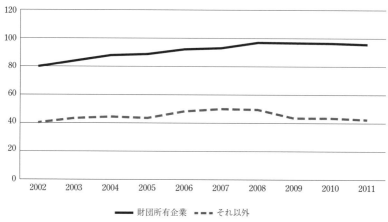

図7.2　企業イメージ

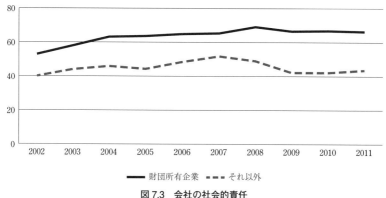

図7.3　会社の社会的責任

目についてのスコアの差についても当てはまる。すなわち、財団所有企業は
システマティックに優位性を持っているというわけである。

　図7.3 に、企業の社会的責任についての回答を同様にプロットした。その
結果は、総合評価を示した前掲のパターンと同じで、財団所有企業のほうが
それ以外よりもきわめて評価が高い。ただしその差は、総合評価のときより
も縮小している。これは、当初われわれが想定したような、財団の慈善活動
のおかげで企業の評判が上がっているというよりも、経営の質がすぐれてい
ることによって、高い評判を得ているということを示しているのではないだ

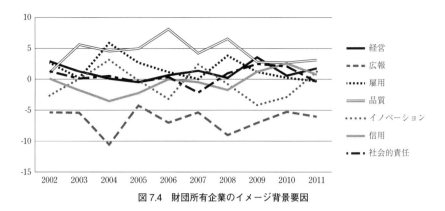

図 7.4　財団所有企業のイメージ背景要因

ろうか。

企業イメージを作り出すもの

　企業イメージ調査のデータは、なにが財団所有企業の評判を作り出しているかについて、ざっとした第一印象を提供する。企業イメージ調査の調査項目を個別に分析してみると、どの項目が全体的な評価を平均以上に上げていたり下げていたりしていたかについて、よりくわしく明らかにすることができる。またそれらは、財団所有企業とそれ以外の企業とで同じか異なるか、についても明らかにすることができる。

　図 7.4 で、財団所有企業の評判を作り出している要因を分解してプロットした。負の値は全体の企業イメージを押し下げている要因、正の値は押し上げている要因である。

　商品の品質が全体のイメージを押し上げ、企業広報がそれを押し下げている要因であることがわかる。つまり財団所有企業は、広報を十分に行っていないか、的の外れた広報を行っている可能性があるというものである。これは換言すれば、財団所有企業の透明性が不十分だというものであり、それは企業への認知度というイメージ調査の別の項目で低評価であったことともつながる。またデンマークのメディアにおいて、財団所有がこれまであまり取り上げられてこなかったこととも関係している。

　他方で、それ以外の企業の企業イメージを作り出している個々の要因は、

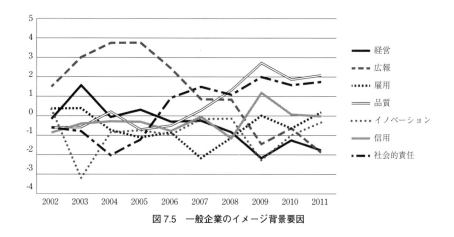

図7.5　一般企業のイメージ背景要因

図7.5 に示すように財団所有企業のそれとはやや異なっているようである。

　ここでは、商品の品質と社会的責任が全体のイメージを押し上げている一方、広報と経営がそれを押し下げている要因となっている。広報の負の影響は、財団所有企業の場合と比較すると、最近の新しい動きである。またその影響は比較的少ない。少し前までは全体の企業イメージを上げる要因ですらあったのである。

結論

　総合的にみて、財団所有企業はそれ以外の企業よりもすぐれた業績をあげている。個別の具体的な証拠となる情報は、細かくみていくと良いものもあれば悪いものもある。しかし通常のエージェンシー理論が示唆するような否定的な結果とはなっていないこと、したがってなんらかの新しい理論枠組みが必要なことは明らかである。

　財団所有企業は、時として総資産利益率（ROA）が他の企業よりも低いことがある（ボースティンほか、2014a；ドラハイムとフランク、2014）。しかしその差は 1% 台と大きくはない。これらの研究からは、リスクに慎重で、レバレッジが低く、業績も安定的で変動が少ないことも明らかになっている。したがって、リスク調整後の利益率は、その他の企業と大差ないということである。

　より重要なのは、企業の規模である。平均して、規模の小さな財団所有企業は利益率が低いが、規模の大きなものは、利益率が高い。実質的な経済活動のほとんどを大規模な財団所有企業が担っていることをふまえた調整後の平均値では、財団所有企業はそれ以外の企業よりもすぐれた業績を出していることがより明確になる。

　企業規模と研究開発や海外直接投資の間には、一般に正の相関がみられる。これらはいずれも、長期的な投資とみなされるものである。そして財団所有企業は、これらの両方でより大きなリターンを実現している。

　他方で財団所有企業は、それ以外の企業よりもゆるやかに成長している。その理由の 1 つは資本上の制約、すなわち財団が所有企業の経営権を保持し続けるため、新規の借り入れや株の発行といった方法での資金調達を積極的に行ってきていないことにあると思われる。またこれらの企業の多くが古い歴史を持ち、成熟産業のなかで事業を続けていることも理由であろう。

　最後に、巨大な財団所有企業は、高い社会的評価を得ている。それは社会的責任や長期的経営などが影響しているものと考えられる。

第8章
産業財団のガバナンス

概要

　産業財団はいくつかの特徴を共有しており、それらがガバナンス上の課題となっている。第一に、財団には所有者が存在しない。そのため財団の理事会に、より大きな責任を負わせている。財団の理事会がうまく機能していれば、傘下企業が長期的な視野に立つすぐれた責任経営を行うためのバックボーンとなる。しかし私腹を肥やすことばかりを考えているような理事や、能力の低い理事がいた場合、大きな問題となる。最終的な所有者を持たない財団では、そのような理事を簡単に辞めさせることができないからである。さらには、財団の所有者が存在しないことから、理事会のメンバーの指名やその報酬の決定などを含めて、通常とは異なるガバナンス構造を持つ必要がある。

　次に、財団と企業との間にどのような関係を構築するかが重要な課題となる。財団はどれほど企業に関与すべきだろうか。

　第三に、財団は通常、事業の所有と慈善活動という2つの異なる目的を掲げることから、この2つをどうバランスさせるか、という問題と直面する。たとえば理事は、事業のエキスパートであるべきか、あるいは慈善活動のスペシャリストであるべきか。また利益のうち、どれぐらいを事業のために再投資し、どれほどを寄付に回すべきか。

　本章では、産業財団のガバナンスがどのようなものかについて明らかにし、

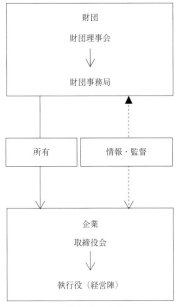

図 8.1　産業財団ガバナンス

そこからもたらされる関連した課題について示す。そして、理事の構成や報酬など、財団をめぐるガバナンスについて考察する。次に、財団が所有する企業のガバナンスについて検討する。考察対象には、企業側の取締役会の構成も含まれる。そのうえで、ハンスマンとトムセン (2013a) が提起した、財団の理事会と企業の取締役会が、お互いに相手からどの程度独立しているかを測る指標としての「経営上の距離」を使い、財団と企業のガバナンスをめぐる関係について考察する。最後に、財団は企業の経営権をどのようなときに行使して経営に長期的な視野を求めるかについて、みてみることにする。そこから、財団所有企業がその他の企業に比べて、一貫して長期的な経営を行っていることを示せるものと考える。

　産業財団のガバナンスは、財団のガバナンス、財団所有企業のガバナンス、そして財団と所有企業との関係、の3つをめぐるものである。この点を図8.1に示す。

　財団レベルでのガバナンスの問題は、理事会の構成、理事の行動を規定す

るインセンティブ、それによる理事会の行動、などがある。そのなかには、財団として事務局を設置し、その最高執行責任者（CEO）を置くべきか、その場合は理事会と事務局とでどのような役割分担を行うか、といった問題も含む。

　企業のレベルでは、所有形態、取締役会の構成、執行役のインセンティブなどがある。

　財団と企業との関係をめぐる最初の問題は、資本ならびに経営権の何割を財団が所有すべきか、財団以外にどのような所有者が存在するか、また存在する場合はどのような役割を果たすのか、である。また財団は企業を直接所有するのか、それとも持ち株会社経由で所有するのか、そしてどのように所有権を行使するのか、というものもある。

　二者の関係をめぐる第二の問題は、財団の理事会や事務局と、企業の取締役会や執行部門との間で、なんらかの重複があるかどうかである。どのような情報を、財団の理事会は企業の取締役会から受け取るのか。また企業の取締役会は、どのような情報を財団の理事会から受け取るのか。財団の理事会は、企業の経営層のどのような決定事項の報告を受け取ったり承認したりするのか、またどのような事項であれば、企業側のみで決定することができるのか。

　財団は、伝統的な慈善財団として慈善活動に専念する一方で、企業は事業活動に専念する。財団の理事会にとっての重要な決定事項は、財団が所有する企業から受け取る配当、ならびにそれ以外の所有財産からの収入をもとに、どこにどのような寄付を行うかを決めることである。寄付の金額や件数が多い場合は、事務局長からなるスタッフを擁してこれを執行することも選択肢となる。それに対し、企業の取締役会は、企業にふさわしいCEOの選出や、適切な配当水準の設定などを含む、企業の戦略的な経営全体に責任を負っている。もちろん財団は大株主として、企業の取締役の選出や、それ以外の株主総会での決議事項に関与することになる。通常はそれらの決議事項について、取締役会の勧告に従って議決権を行使する。それだけであれば、ポートフォリオ投資における少数株主の経営権への関与と似ている。これが、財団の経営へのもっとも消極的な関与である。

しかし近年、多くの産業財団は、プライベート・エクイティ・ファンド
〔未公開株を取得し、リストラなどで企業価値を上げて売却しキャピタルゲインを
得ることを目的としたファンド〕などアクティブ投資家の動向から少なからぬ
ヒントを受けている。そこでは財団の理事会が、企業の戦略構築や取締役会
の指名、時には執行役の選任にも関与するのである。財団は、財団の理事会
メンバーを企業の取締役として指名したり、四半期あるいは月次の経営情報
の報告を求めたり、企業の取締役会あるいは CEO との定期的な会合を求め
たりする。それらの会合で、財団の理事会は企業に対する期待を伝え、自己
資本利益率や売上高成長率など、財務上の具体的な目標を設定することもあ
る。これが財団の経営へのもっとも積極的な関与である。財団は、企業の本
社部門か親会社のような存在となり、傘下企業へのトップダウンの関与をし
ていることになる。

このような、消極的なポートフォリオ投資家と、強力な親会社という2つ
の両極の間のどこかに、実際の各財団が位置している。そういうわけで、産
業財団をめぐってはさまざまなガバナンスの実態が存在する。どれが好まし
いあり方なのかについては、それぞれの財団や企業によって異なるのである。

一般的には、産業財団のガバナンスをめぐる重要な決定事項は以下を含む
といえる。

- どのようにして理事を選任すればよいか。これは微妙な問題である。
  ほとんどの財団では、通常、理事が自らを選任する。また理事会の構
  成も、経営能力と慈善活動という、まったく異なる種類の能力を求め
  られる2つの分野のバランスをとる必要がある。ひとたび選任される
  と、簡単には辞めさせることもできない。そのため、理事の選任には
  細心の注意を払う必要がある。正式には、理事会が新しい理事の選任
  に責任を持っていることになっている。しかし実態は、財団の現在の
  理事長が、新しい理事の選任を行うことが多い。
- 最高執行責任者としての事務局長（CEO）を選任すべきか。これは
  必要不可欠なことではない。産業財団のなかでも規模のきわめて大き
  いごく一部の財団が、CEO を置いている。それ以外の財団では、法

律事務所や銀行などに日々の運営業務を委託していることが多い。事務局長を置く場合、理事会と事務組織との役割分担を明確にする必要もある。しばしばみられる役割分担としては、理事会はもっぱら傘下企業の経営（経営全般の監督に加え、取締役の指名や経営戦略に関する継続的な意見交換を含む）に携わる一方、事務局長は慈善活動（寄付に関する実務）を担当する、というものである。

- 傘下企業の経営にどう関与すべきか。財団の理事が、傘下企業の取締役も兼任すべきか。財団の理事会と企業の取締役会は、どの程度、重複すべきか。どのような理事が、傘下企業の取締役としてふさわしいか。

- 財団として、慈善活動と企業経営のバランスをどうとるか。寄付にどれだけ回し、寄付の実行に必要な事務費用にどの程度を割く一方で、事業の将来に向けてどれほど投資すべきか。実態としては、事業への再投資が優先され、総資産に比べると比較的少ない水準（たとえば総資産の 1% 程度）の寄付活動が行われている。

- 財団として準備金を積み上げていくべきか、傘下企業の側で蓄えておくべきか。財団側での準備金の積み上げを支持する考えとして、企業の経営状況に直接、資金が左右されるリスクを分散することができるというものがある。また企業がなんらかの危機に直面した際、財団がある種の金融上のバッファの役割を果たせるというものや、企業が増資による資金調達を行いたい場合に、財団として増資に応じることで、経営権の希薄化を避けることができる、というものもある。

- 財団は持ち株会社の形態をとるべきか。これによって、企業と財団の間にもう 1 つの階層を増やすことになるが、税制上のメリットや財団の投資組織としての機能など、慈善活動と分けて整備すべき機能をそろえることができる場合がある。

- 投資先の多角化を、傘下企業を通して行うべきか、持ち株会社や財団自らで行うべきか。傘下企業にとっては、コア事業を明確に堅持するほうが、経営がしやすい場合がある。その場合は、本業と直接に関係のない事業については、財団自ら、あるいは持ち株会社を通して多角

化したほうがよいだろう。

財団のガバナンス[1]

　財団に関するわれわれのデータは、1つ1つ収集していったものや聞き取り調査などによるものが多く、必ずしも完全ではない。それでも、いくつかの共通点を明らかにすることができる。

　ハンスマンとトムセン（2013a）によると、規模の大きなデンマークの産業財団の理事会は、比較的小規模（理事6人程度）なことが多い。ほとんどが男性（86％）であり、ほぼ全員がデンマーク人（99％）である。これはデロイト（2012）による、より広範な財団をめぐる調査の結果とも一致している。デンマークは小国であることから、きわめて結びつきの強い社会構造を持っており、そのため社会規範を共有していることと深い関係があるようにみえる。

　一般に、財団の理事会メンバーは、企業の取締役会のメンバーよりも年齢が高い。平均すると事業財団では6歳（57歳と51歳）（デロイト 2012）、大規模な産業財団では9歳（64歳と55歳）、上場企業の取締役会に比べて年長であった（ハンスマンとトムセン、2013a）。典型的な理事会メンバーは経験豊かな経営者であり、時には傘下企業の元役員、大学教授、創業家も含まれる。理事会における一般的な分業は、経営者が傘下企業の経営の監視を担当し、大学教授が慈善活動を担当するというものである。

　従来のコーポレートガバナンスの基準からは、財団理事会メンバーの約半数は独立メンバーとみなすことができる。理事のなかには、創業家一族もいれば、子会社の執行役員や取締役もいる。12年以上の長きにわたり取締役を務めている人もいる。在職期間の中央値は約4年である（デロイト、2012）。

　理事会メンバーは、理事会とその準備時間の両方を含めて、平均して年間約51時間を費やしている（デロイト、2012）。理事会は年平均3.4回開催され、1回に平均3時間かけている。そういう意味では、平均的なワークロー

---

(1)　ここでの議論で使うデータはハンスマンとトムセン（2013a）およびデロイトがデンマーク政府事業財団法委員会のために作成した報告書（2012）に依拠している。

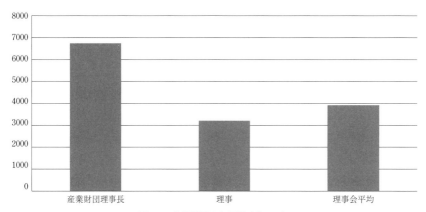

図 8.2　産業財団理事報酬（米ドル）

ドはそれほど大きくない。規模の大きな財団の理事は、理事会の仕事により多くの時間を費やす。しかし、100 時間を超えることはめったにない。理事会は、ほとんどの時間を傘下企業の経営に関連した活動に費やしている。したがって、財団所有企業の比較的良好な業績は、財団理事会が長時間を費やして傘下企業の経営に努力している結果というよりも、全体的なガバナンス構造に関係している可能性がある。

　財団の理事の報酬は、非常に控えめである。理事会メンバーの半分は、まったく報酬を受け取っていない。平均的な報酬を図 8.2 に示す。

　理事長は年約 7000 米ドルを受け取る。通常の理事の報酬は、約 3000 米ドルである（デロイト 2012）。

　財団の理事に比べ、企業の取締役は多くの報酬を得ることができる。78 の大規模な財団の理事会メンバーの報酬に限ってみても、資産規模でほぼ同程度の 149 の上場企業の取締役会メンバーの報酬 4 万 2000 ドルに対して、年間約 1 万 3600 ドルであった（ハンスマンとトムセン 2013a）。14 の財団が実質的に所有する上場企業の取締役は、14 の他の大規模な上場企業とほぼ同じ報酬（7200 ドル）を受け取っていたが、企業規模で比較すると、財団所有のほうがはるかに大きかった（平均資産に関してはほぼ 2 倍）。

　財団の理事会が業績連動などの変動的な報酬制度を採用することはめったにない（デロイト、2012）。まれに使う場合もあるが、たいていはなんらかの

追加的な責務への報酬である。

　報酬の水準が低いということは、財団の理事会のメンバーが金銭的に動機づけられていないであろうことを示唆している。もしも金銭的な動機づけから仕事を選ぶのであれば、彼らは財団の理事を引き受けていなかったであろう。これは、財団の理事を引き受けるにあたって、社会的な地位やピアプレッシャー、評判など、金銭以外の動機づけの果たす役割が大きい可能性を示唆している。

財団所有企業のガバナンス[2]

　企業の取締役会メンバーのデータは登録されており、われわれはそれにアクセスできたので、その正確な統計情報を把握することが可能であった。そこから導かれるいくつかのポイントを紹介したい。まず、全体的な情報を表8.1に示す。財団所有の企業は、その他の企業に比べて企業規模がきわめて大きい点に留意されたい。平均資産でいうと、約10倍の開きがある。そのため、この表の「全企業」で示される財団所有企業とその他の企業の取締役会メンバーの統計的な違いは、財団所有という特性からもたらされるものというよりも、企業規模から来るものの可能性がある。そこで、大企業（従業員が1000人を超える企業）だけに限ったものを別に作成してみた。

　まず、財団所有企業の取締役会メンバーの平均年齢は54.7で、それ以外の企業の取締役の50.6と比べ、約4歳年長である。言い換えれば、財団の理事会メンバーの特性が、傘下企業の取締役会構成でも引き継がれているようだ。企業規模が大きくなるほど年齢差は小さくなるものの、依然として明白な差が認められる。その理由として考えられるのは、財団が所有する企業は他の企業よりも古く、規模が大きくなる傾向があり、そのなかにはスタートアップがほとんどないという点であろう。

　また、財団傘下の企業の取締役には、女性ならびに外国人のメンバーが少ないことも明らかになった。ただし規模の大きな企業についていえば、財団傘下企業とそれ以外との差は大きくない。したがって、取締役会がデンマー

---

(2)　以下はクーンとトムセン（2014）に依拠している。

表 8.1　取締役会の構成

	全企業		大企業 (社員 100 名以上)	
	財団保有企業	その他	財団保有企業	その他
年齢	54.7	50.6	53.8	52.3%
女性比率（%）	11.7%	18.8%	14.4%	10.9%
デンマーク人以外（%）	0.7%	1.1%	0.6%	0.9%
既婚（%）	91.9%	86.3%	95.1%	92.4%
教育（就学年数）	14.8	13.8	15.1	14.4
修士課程以上（%）	38.1%	22.5%	39.5%	33.7%
工学系（%）	20.4%	23.8%	31.8%	17.1%
文系（法、経済、社会科学）（%）	55.6%	45.2%	45.8%	56.4%
人的ネットワーク（数）	9.2	7.8	7.8	7.6
元執行役（%）	10.7%	25.1%	3.4%	6.5%
創業家同族関係者（%）	1.8%	9.5%	1.3%	2.2%

注：以下の 3 つのデータベースを使った 2010 年の財団保有企業のクロスセクションデータに基づく： 1. The Danish Business Authority's Board membership database. 2. A sample of firms owned by industrial foundations. 3. Register data from Statistics Denmark.
出典：Kuhn and Thomsen（2014）

ク人男性中心であることが、財団所有に特有のものというよりも、企業規模の影響によるものである可能性を排除できない。

　しかし、財団が所有する取締役会のメンバーは、企業規模に関係なく教育水準が高く（教育期間が約 1 年間長い）、大学または同等の教育を受けている。これは、財団の傘下企業が社員教育を重視するという一般的な傾向を反映している可能性がある。おそらく、財団による企業の所有は、長期的な視野とより高いレベルの教育を必要とする知識集約型ビジネスにおいて、より効率的な利点をもたらす可能性があることを示唆している。知識集約度は、財団所有企業の社員が高学歴である点にも現れている。

　財団傘下企業の取締役会は、企業の内部から選任される割合が少ないという点で、より独立した存在である。

　最後に、財団傘下企業は同族経営の割合が低い。なおここでは、同族経営

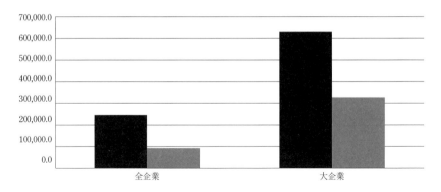

図8.3　取締役報酬（米ドル）

注：ここに示しているのは特定の企業の取締役報酬ではなく、取締役会メンバーの平均的な収入総額である。

を創業家メンバーが取締役や執行役に占める割合で計っている。この点は、規模の大きな企業でより明らかである。したがってわれわれの調査結果は、財団のレベルで創業家が直接的な影響を行使できないことを補うべく、財団の傘下企業のレベルで創業家メンバーが経営に関与している可能性があるという仮説を否定することが可能であろう。財団の理事会への創業家の関与は、企業の経営への関与よりもさらに低い。財団による企業の所有という形態は同族経営とは同義ではなく、財団によって企業が所有経営されることにみられるインセンティブの欠如を補うものではないようである。

　取締役としての報酬や保有株式の情報ではなく、取締役メンバーの総収入や課税対象財産を調べることもできる。図8.3に示すのが、財団傘下企業とそれ以外の企業の取締役の平均収入を報告している。

　財団所有企業で取締役を務めている人物の収入が、それ以外の企業で取締役を務めている人物の収入よりもはるかに高いことがわかる。前者の平均総年収は20万米ドルを超えているのに対し、後者は10万米ドルに満たない。約2倍の開きがある。これは企業規模の影響だけではない。大企業に限ってみても、財団傘下企業で取締役を務める人物の平均総収入は60万米ドルで、それ以外の大企業（従業員1000人以上）で取締役を務める人物の平均総収入30万米ドルの2倍の報酬を受け取っている。財団傘下企業が支払う役員

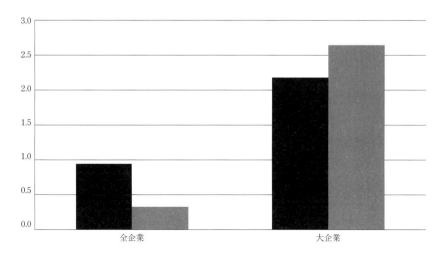

図 8.4　取締役の資産状況（100 万米ドル）

　報酬が、それ以外の企業の役員報酬より低くても、より裕福な（したがって
おそらくは、より能力の高い）人物を取締役として招くことができるようで
ある。

　図 8.4 では、財団所有企業で取締役を務めている人物の課税対象資産を調
べた。これによると、彼らは他の企業の取締役の 2 倍の資産を持っているこ
とがわかる。ただし大企業に限定すると数値が逆転する。したがって、企業
規模による影響の可能性がある。

　それにもかかわらず、財団が所有する企業の取締役会メンバーは、収入と
資産の両方の点で十分に恵まれた存在であると結論づけられる。実際、彼ら
はデンマークの人口の上位 1 % を占める。これが、彼らが比較的低い役員報
酬でも仕事を喜んで引き受ける理由の 1 つかもしれない。

財団と会社——管理距離[3]

　一言に産業財団といっても、そのガバナンス構造はさまざまである。

---

(3)　以下はハンスマンとトムセン（2013a）に依拠する。

一方において、財団とその傘下企業が実質的に同一組織という形態がある。財団の理事は傘下企業の取締役を兼務する。財団独自の事務局幹部やスタッフはおらず、傘下企業のスタッフが財団の事務を行っている。会社と財団は同じ住所に所在し、財団の全資産が、唯一の保有企業の株式のみで構成されている。また傘下企業の全株式を財団が保有しており、それ以外の株主はいない。財団の主な目的は事業の継続であり、慈善団体への寄付をはじめとした寄付活動をほとんど行わない。このようなケースでは、財団と傘下企業との間に利益相反は存在しない。同一人物が、あるときは傘下企業の経営者を名乗ることもあれば、財団の理事として活動しているということもある。

　他方において、財団の理事会と傘下企業の取締役会は完全に分離独立しており、そのメンバーに重複がないというケースもある。財団は、それ自身の目標を持つ明確な独立した組織である。そのような目標は、傘下企業が利益を内部留保することよりも、高い配当として財団に還流させることで実現できる可能性がある。財団は、傘下企業とは別に事務所を構え、独自のスタッフを擁している。財団は、傘下企業を間接的にも利するような寄付活動を行わないよう、明白に距離を保ちながら慈善活動を行っている。財団は傘下企業の株式を部分的にしか保有しておらず、残りは上場されているか、財団以外の第三者が保有している。財団は傘下企業以外の事業会社も所有しており、それら所有企業の売却を選択肢として持っている。

　ハンスマンとトムセン（2013a）は、これら2つのモデルを財団のガバナンスの両極においたうえで、それぞれにおける財団と傘下企業との間の「ガバナンスをめぐる距離」が実質的に異なっていることを指摘している。そのうえで、彼らは企業の業績が距離とともに向上することを発見したのである。この点を明らかにするために、財団が所有する企業の平均的な業績を、6つの異なる距離尺度にしたがって調べてみる。たとえば、財団の理事と傘下企業の取締役（または執行役）の兼務が2名以下しかいない企業は、それが3人以上の企業よりも資本あたり2.6％多くの収益をあげている。上場している財団の傘下企業の平均ROAは10.6％で、非上場の財団所有企業の平均4.2％を大幅に上回っている。財団が複数の会社を所有している場合、会社の業績も大幅に向上する傾向がある。

　ハンスマンとトムセン（2013b）は、実際のコーポレートガバナンスの状況が財団により大きく異なることも発見した。財団傘下企業の58％は、その取締役会メンバーの2人以上が財団の理事会メンバーと重複している。平均すると全企業の55％に、企業の取締役会と財団の理事会とを兼務するメンバーがいた。また全企業の42％が財団以外によっても所有されており、13％が上場していた。財団のうち27％が複数の企業を所有しており、また24％が財団の事務局を傘下企業の本社とは異なる場所に持っていた。

　結論としては、財団と企業との距離があるほど、財団は独自のアイデンティティを持つことができるようになり、経営への関与と監督をより適切に行使できているようである。

長期的な視野に立つガバナンス[4]

　産業財団の法的根拠には間違いなく、長期的な志向が組み込まれている。もともと財団は、基本財産の永続性を義務づけられている。産業財団の場合、主たる財産は事業会社の株式で構成されている。また、企業の健全な発展はしばしば財団の重要な目的であり、その定款に明示的に含まれている。財団が株式を売却することを禁ずる場合もある。財団が所有する企業は、株式の過半を財団が所有しているため、株式市場の変動や買収の脅威から守られている。また同族企業を悩ませる、困難な承継問題にも直面しない。ボースティンら（2015）は、このような長期的な志向が、以下のように所有権、取締役会構造、資本構造、および企業の存続率などのさまざまな分野でみられることを明らかにした。

安定した所有権

　制度的にも、財団の所有権は他の所有権構造よりも安定している。主要株主による株式所有の割合の標準偏差で測定した「所有権の不安定性」が、財団が所有する企業はそれ以外に比べて3.4％低かった。

（4）　以下はボースティンほか（2013a）およびボースティンほか（2014b）に依拠する。

CEO と取締役会の回転率

　財団による企業の所有は、取締役や執行役、管理職の継続性の向上（回転率の低下）と関連している。財団の傘下企業では、管理職の離職が年間約 0.04 人少なかった。特定の副標本あたりの管理職の離職平均数は年間 0.106 人で、0.04 人少ないということは、他の企業と比較して、財団が所有する企業での離職が約 40% 少ないことに相当する。

資本構造

　財団所有の企業はレバレッジが低く、株式比率が高い。財団が所有する企業は、産業（9 つのカテゴリ）と ROA に関する調整を行ったのち、他の企業よりも約 11% 高い株式シェアを持っていた。

企業行動

　財団の傘下企業は、研究開発への投資や従業員の定着などで、より長期的な行動を示している。財団所有企業は、カペスとシュミット（2013）が提起した長期的経営指数で、それ以外の企業に比べて 0.015 ポイント高いスコアを示していた。これは、指数の標準偏差の約 10% に相当する。

永続性

　最後に、財団が所有する企業は、多くの理由でそれ以外の投資家が所有する企業よりも寿命が長い。第一に、財団は、その基金を永続させる義務を担っているが、基金の主要な部分を占めるのは傘下企業の株式である。第二に、企業の存続は、ほとんどの産業財団の目的として明示的または暗黙的に掲げられている。第三に、財団が利潤最大化の動機を第一にしていないということは、傘下企業を売却するインセンティブが弱くなることを意味している。第四に、財務の保守性や安定性は、財団所有企業を外部のショックに対してより抵抗力のあるものにする。これらについて、われわれは実証的に有意な違いを発見した。たとえば 40 年以上存続する確率は、財団所有の企業で 65% なのに対し、その他の企業で 10% であった。この違いの一部は、産業財団の生まれる過程に起因している。通常、創業者が自社の株式を寄付す

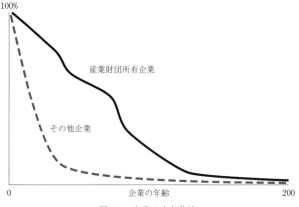

図 8.5　企業の生存曲線

ることで財団が設立される。つまり財団傘下の企業は、財団が設立される以前から存在している。しかも企業の所有形態が創業者から財団に移行する背景に、たとえば承継問題の解決というものがある。ということは、多くの財団所有企業が長寿企業であるのも当然ということになる。ただし、財団所有の企業は、最初の 30 年間でも生存率が高くなっている。財団が所有していない企業では、30 年続いた企業のうちの 80% が次の 30 年目を迎えられていないのに対し、財団が所有する企業では、その比率が 30% である。

　上の図に、違いが一目瞭然となるよう調整された生存曲線を示す（図 8.5）。これは、ある年数まで企業が存続した割合を、財団所有企業およびその他の企業に分けて示している。どちらの曲線も時間の経過とともに減少しているが、財団が所有する企業は、はるかにゆっくりと減少していることがわかる。

結論

　産業財団のガバナンスには、財団のガバナンスと傘下企業のガバナンスの両方が含まれる。

　産業財団の理事会は比較的小規模で、経験豊富な経営者、創業家、慈善活動の専門家で構成される傾向がある。彼らはどのような目的で寄付を行うかを慎重に選び、傘下企業の取締役会のメンバーを選出し、企業の経営を監督する。財団が所有する企業の取締役会は、他の企業の取締役会よりも年齢が

高く、国際性が低く、創業家とのつながりも低い傾向がある。彼らはまた教育水準がやや高く、収入や財産も多い。財団理事の報酬は、企業の取締役の報酬よりも低い。

　財団所有企業のガバナンスは、財団の理事会と傘下企業の取締役会との間の「距離」によって大きく異なる。一方において、財団と会社は事実上同一で、区別がつかないものがある。他方において、財団と傘下企業との距離が遠いものもある。二者は明確に分離されており、財団は企業とは異なる目的を持っている。この距離が遠いほど、企業の業績が向上する傾向がある。これは所有と経営が分離されることで、財団が企業の所有者として、より効果的な監督ができる可能性があるためである。

　産業財団の企業の保有は長期的になる傾向があり、その結果、所有の安定性、取締役および CEO の長期在職、保守的な資本構成、安定した収益、および会社の存続率の向上がもたらされる。これは、製品ライフサイクルが長く、研究集約型の業界では競争上の優位性になる可能性があるが、より変化の激しい時代には不利になる可能性もある。

第9章
産業財団の定款[(1)]

概要

　デンマークの産業財団は、財団の創設者（多くの場合、保有する自社の株を財団に寄付した企業の創業者である）が起草した定款（財団憲章）のもとで、理事会により運営されている。定款は財団の憲法である。財団の設立が認められ、登記されると、理事会と規制当局の双方に、産業財団に関する法律、およびその他の関連法に従って財団が運営されることへの法的義務が発生する。

　定款は、産業財団の基盤である。財団の目的、ガバナンス、財務、および所有する企業との関係を規定するもので、財団のアンカーの役割を果たす。ただし定款は、それを変更することが財団の目的を達成するための最良の方法であると主張できる場合、当局の承認を得て変更することができる。

　この章では、定款がどのような役割を果たし、どのように構成されているかについてくわしく説明する。定款は、産業財団を理解するうえで欠かせない重要情報から構成されている。しかしこれまで、この分野で体系的な研究は行われてきていなかった。そこで実証的に、2010年および2014年における118のデンマークの産業財団の定款を調べることから始めた。またそのうち26の大規模な財団に絞り、2000年以降の長期的な変化についても分析し

___

(1)　本章は、トムセンとデン（2014）を改訂したものである。

た。そこから明らかになったのは、定款の具体的な内容には、かなりの幅が
みられる、ということである。2010年から2014年までの4年間でみると、
定款は非常に安定していた。とはいえ、重大な変化もみられる。多くの財団
が、一般的に慈善目的、リスク回避、会社売却の可能性、および自選による
理事会メンバーの任命を定めており、それらに大きな変化はなかったが、他
方で、所有する企業の売却を禁ずる条項を撤廃する事例がみられたのである。

　定款の内容やその変更のあり方は、財団の経営基盤（規模、資本構造、収
益性）とは、きわめて大まかにしか関連していないようである。

デンマーク事業財団法による規定

　デンマークの事業財団法（EFL§27）によると、すべての産業財団は定款
を持たなければならない。またその内容には、最低でも以下を含む必要があ
る。

1）財団名
2）創設者
3）目的
4）基本財産とその支払い方法
5）財団が現金以外の資産を受け取っているかどうか
6）創設者またはその他の受益者に帰属する特別な権利
7）理事の数とその選任方法
8）決算期（年）および初年度
9）法律上の設立日時が実際の設立日時と異なる場合は法律上の日時
10）収益および準備金の使途

　創設者、ならびにその一族の特別な権利は、理事への任命を除き、現メン
バーならびにその子一代限りにおいて法的に守られるものとする（EFL§28）。
　理事会の提案に基づいて定款を変更することができるのは、当局が承認し
た場合のみである（§89）。財団の目的の変更には、法務省民事局の特別な
許可が必要である。当局はまた、定款の実行が不可能であるか、明らかに不

適切である場合、定款の条項の変更を求めることもできる（§90）。

　財団の規制当局（関連する政府機関、現在は一括してデンマーク産業法務局、以前は内容によりデンマーク産業法務局かデンマーク市民局が対応）は、産業財団の「適法性」についての監督を行う。これは、定款や関連法が遵守されているかどうかを監視するということである。

　設立の目的に関しては、その目的が現行法および「通常の良識」に抵触しない限り、かなりの裁量が認められている。したがって財団の目的を、企業の経営、あるいは企業に利益をもたらすこととすることも可能である。しかし多くの定款は、財団の目的として慈善活動を掲げるとともに、特定の会社の株式所有は財団設立の一義的目的としてではなく、なんらかの追加的な項目として扱っている。

法体系

　デンマークで産業財団を設立するにあたっては、創設者にかなりの自由度が与えられている。とはいえ第 3 章に示したように、法律は一定の規制を課している。たとえば財団には、少なくとも 3 人のメンバーからなる理事会が必要である（EFL§37）。財団の理事会は、創設者からある程度独立していなければならない（規模の大きな財団の理事会では、少なくとも 1 人以上の理事会メンバーが創設者から独立している必要がある）（§1.1）。規制当局の承認なしに、創設者とその一族が財団理事会で過半数を占めることはできない（§40）。財団の理事会は、理事会に出席（§42）する 1 人または複数の事務局幹部（§37.2）を「常任」の理事として雇うことができる。しかし、理事会メンバーの過半数が同じ財団の事務局幹部を兼務することはできない（§37.3）。財団理事会の議長または副議長が、財団が所有または管理する企業の役員を兼務することはできない。また、財団が所有または管理する企業の幹部は、財団理事会のメンバーを任命することもできない（§37.4）。最後に、産業財団には最低 30 万 DKK（約 5 万ドル）の基金（基本財産）が必要である。

事例

　以下に、デンマークを代表する３つの産業財団の定款を確認し、その共通点と相違点を説明したい。

A．P．モラー財団

　海運会社 A．P．モラー・マースク社を所有しており、以下の６項目をその目的として掲げている。1）南ユトランド半島におけるデンマークの大義を支援する、2）デンマークと他の北欧諸国との間の可能な限り緊密な協力を促進する、3）デンマークにおける海運に貢献する、4）デンマークの海運産業を発展させる、5）科学、とくに医学を振興する、6）慈善事業全般に貢献する。財団は A．P．モラー・マースク社の株式を保有している。保有する株式からの配当収入は、家族財団の保有する議決権株式の取得に使う義務がある。

　財団はその議決権を行使して、会社の経営が「創業者の精神」に沿って行われることを保証し、それにより会社が「一体的」な状態を保つこと、そしてその経営の目的が多額の配当ではなく、「有益な事業活動」とされ続けるよう監督する義務がある。

　ガバナンスに関しては、創業者一族がつねに財団の理事を務めるべきであり、また許す限り一族を代表するメンバーが理事長の任にあたるべきである。理事会は定款を変更したり、必要に応じて財団を解散したりする裁量を有する。なお、定款は創設者が経営していた企業の株式を売却することを認めていなかったが、これによって、財団に株式の永続的な保有を義務づけているかどうかは必ずしも明らかではない。財団の基本財産は減らすことができず、損失が発生した場合は経常利益によって補充する必要がある。

ノボノルディスク財団

　製薬会社ノボノルディスクと、2000 年にノボノルディスクから分社化された酵素メーカーのノボザイムズを所有している。この財団には、4 つの主な目的が記載されている。1）ノボノルディスク、ノボザイムズならびにそ

れ以外の財団が保有または影響を行使する企業の事業活動と研究活動の安定的な基盤をつくる、2）医学研究全般を支援する、3）ノボノルディスクの研究病院の維持に貢献する、および4）その他の科学的、人道的または社会的目的を支援する。

　また定款は財団に、ノボノルディスク、ノボザイムズの両社の議決権の過半数を維持し続けること、それを通して両社がノボグループに貢献し、そのビジョンと価値に従って行動することを保証することを求めている。財団はまた、企業による将来の株式発行に応じて合理的な統合（資本の強化）を実現する義務を負う。

カールスバーグ財団

　カールスバーグ醸造社を所有している。財団の目的として、以下の4つを掲げている。1）カールスバーグ研究所の運営に貢献すること、2）科学を促進すること、3）国立歴史博物館を維持・発展させること、および4）ツボルグ財団を通じて社会的に有益な目的に寄付すること、とくにデンマークの産業界を支援すること。財団はまた、カールスバーグ社の株式資本の51%を所有する義務を負う。会社の利益のために必要な場合は、株式所有の割合を減らすことができるが、その場合でも引き続き主要株主であり続ける必要がある。財団の理事会は、デンマーク科学アカデミーによって選出された5人のメンバーで構成されることとする。

　定款はまた、財団がカールスバーグ社に影響力を行使し、創業者の遺した以下の「黄金の言葉」が堅持されることを求めている。「目先の利益のあるなしにかかわらず、カールスバーグ醸造社の経営を通して最高のビールを醸造することをめざすこと。それにより、醸造工程、およびそこから生み出される商品が先駆的なモデルとされ、それを通してビール醸造全体の水準を高く名誉あるレベルに維持することを目指すこと」。

　このようにみると、上記の定款が相互にいくつかの点で異なっていることがわかる。たとえば、ノボノルディスク財団は企業の発展を明確な目的として言及しているが、他の2つの財団はそうではない。またA. P. モラー財

団は、創設者一族の継続的な役割を強調しているが、他の2つの財団はそうではない。

　他方で、いくつかの共通点も認められる。3財団とも、保有企業の株式売却の制限について言及している。また3財団とも、事業活動の指針として短期的な利益の追求以外の価値を強調し、またいずれも、安定性を求めている。

　以下では、定款の内容をくわしく分析し、異なる規定が企業の特性とどのように相関しているかをより体系的に調べてみる。

経験的な実証

　ハンスマンとトムセン（2013a）に従い、財団とそれが所有する会社との間の経営上の「距離」に及ぼすと予想される定款の項目を以下のように分類した。たとえば、財団の理事会と傘下企業の取締役会が同じメンバーで構成されないように分離すると、財団と企業の距離は遠くなり、財団が企業をためらいなく売却できるようになるだろう。対照的に、両者が同じ住所に所在していたり、定款に財団と傘下企業を同一組織とみなすような内容を定めていたりすれば、距離が近いということになる。表9.1に概要を示す。

事業目標

　この規定は、産業財団が具体的な事業に関する目標を持っているかどうかを示している。この点は、多くの定款に含まれている（具体的には64％）。

事業活動への寄付

　この条項は、財団が会社を直接的に支援できるかどうかを示している。具体的な方法としては、会社への貸付、株式の購入などを含む。たとえばコヴィ（Cowi）財団の定款には、「財団はその資金を使ってコヴィ社の株式保有を拡大したり、会社に助成金や融資を提供したりすることができる」と記載されている。

社員への寄付

　この規定は、財団が傘下企業の従業員を支援することが可能かどうかを示

表 9.1　定款

規定	評価	経営上の「距離」への影響
事業の目的	企業を経営することは、財団の目的（の一部）としてふさわしいか	−
事業活動への寄付	財団は、事業会社を財政的に支援できるか？　ふさわしいか？	−
社員への寄付	財団は傘下企業の社員へ寄付を行うことが可能か？	−
一族への寄付	財団は創業家一族へ寄付を行うことが可能か？	+
一族への寄付の禁止	財団が創業家一族へ寄付を行うことを明示的に禁止すべきか？	−
財団と企業の目的の一体化	財団と保有企業を実質的に同一として経営すべきか？	−
慈善事業全般	財団が目的の一つに慈善目的を掲げているか？	−
利益目標	財団が利益目標を掲げるべきか？	+
リスク回避	財団もしくは傘下企業にある水準以上のリスクを回避することを求めるか？	−
財団事務局	財団が独自の事務局を持つことができるか？	+
財団 CEO	財団は CEO を持つことができるか？	+
同一住所	財団と所有企業が同一住所でなければならないか？	−
売却の可能性	財団が所有企業を売却できるか？	+
非常時の売却の可能性	緊急時に財団が所有企業を売却できるか？	+
通常時の譲渡禁止	平時に保有株式を売却することが禁止されているか	−
他の企業	財団が新規に企業の株式を保有し経営できるか？	+
準備金積立の義務	財団が利益の一部を準備金として積み立てなければならないか？	+
理事会の自選	理事会の自選は可能か？	−
必須の兼務	財団の理事が傘下企業の取締役を兼務することが必要か？	−
必須の分離	財団の理事が傘下企業の取締役を兼務することを禁じているか？	+
創業家一族の選出	創業家のメンバーが財団の理事を務める必要があるか？	+
定年	定年を定めるか？	+
外部任命	理事を外部で選出すべきか？	+
必須の独立理事	創業家から独立した理事がいなければならないか？	+

している。たとえば、ビテンとマッツ・クラウセン財団は、「ダンフォス社またはその関連企業の現および元従業員を支援する」ことができるとしている。

一族への寄付

この規定は、財団が創業者一族を支援することが認められているかどうかを示している。たとえば、ベント・O・ヨルゲンセン財団の定款には、次のように記載されている。「財団の目的として、ベント・O・ヨルゲンセン、および妻アン・リサ・シェルダルの子孫を支援すること」。

一族への寄付の禁止

この規定は、財団が創設者一族を支援することを明示的に禁止しているかどうかを示している。定款にこの条件が記載されている財団は、わずか2％である。

財団と企業の目的の一体化

この規定は、財団と保有企業が同一の目標を掲げることを規定しているかどうかを示している。財団の8％（たとえばスコー（Schou）財団）の定款には、この条件が含まれている。

慈善事業全般

この規定は、財団が慈善目的を持っているかどうかを示している。たとえば、A. P. モラー財団の定款には、「（……目標は）慈善目的で寄付を行うこと」と記載されている。

利益目標

この規定は、財団が収益または利益に関する目標を持たなければならないかどうかを規定している。たとえば、アクセル・マスフェルト財団の定款には、財団は可能な限り最高の収益を達成する必要があると記載されている。

リスク回避

この条項は、定款が「適切な安全策」や「責任ある投資方針」など、その財務および事業においてリスク回避的で、用心深く賢明でなければならないということを求めているかどうかを規定している。

財団事務局

この条項は、財団が独自の事務局を持つことができると言及しているかどうかを規定している。

財団 CEO

この条項は、財団が CEO（最高執行責任者としての事務局長）を持つことができると定款に記載されているかどうかを規定している。

同一住所

この条項は、財団と所有企業が同一住所でなければならないかどうかを規定している。

売却の可能性

この条項は、財団が所有企業を売却できるかどうかを規定している。

非常時の売却の可能性

この条項は、財団がなんらかの緊急時に保有企業の株式を売却できるかどうかを規定している。グロセラー・ロバート・デルファー記念財団の定款には、財団の目標を達成するために売却が必要でない限り、財団が保有するシノプティク・ホールディングス社の株式を売却してはならないと書かれている。

通常時の譲渡禁止

この規定は、平時に保有株式を売却することが禁止されているかどうかを規定している。たとえば、レオ財団の定款には、「レオファーマ A/S におけ

る財団の株式は、売却、質入れ、担保設定のいずれもしてはならない……」と記載されている。これは、財団がレオファーマ社の株式を平時において売却できないことを明確にしている。カイ・ハンセン財団の定款には、「会社はいかなるときにおいても、だれにも売却されてはならない」と記載されている。

他の企業

この規定は、財団が新規に企業の株式を保有し経営できるかどうかを規定している。

準備金積立の義務

この規定は、財団が利益の一部を準備金として積み立てなければならないかどうかを規定している。

理事会の自選

理事会メンバーを現職の理事会メンバーが自ら選出できるかどうかを規定している。

必須の兼務

この条項は、財団の理事が傘下企業の取締役を兼務することが必要かどうかを規定している。財団の27%がこの条件を定款で定めている。

必須の分離

この条項は、財団の理事が傘下企業の取締役を兼務することを禁じているかどうかを規定している。

創業家一族の選出

この条項は、創業家のメンバーが財団の理事を務める必要があるかどうかを規定している。

定年

　この条項は、理事会メンバーに定年があるかどうかを規定している。もっとも一般的な定年は 70 歳である。

外部任命

　「外部任命」という条項は、1 人または複数の理事が、理事会の現職メンバー以外の外部によって選出されなければならないかどうかを規定している。たとえば定款の多くは、デンマーク法曹協会が理事のうち 1 人を任命しなければならないと定めている。

必須の独立理事

　この条項は、創業家から独立した理事がいなければならないかどうかを規定している。ブロドレン・ハートマン財団では、理事会のメンバーの少なくとも半数が、創業者一族とは無関係な独立メンバーでなければならないと定めている。

結果

　以下の表 9.2 は、主な結果をまとめたものである。定款ごとに、特定の規定が含まれているかどうかをコード化し、数値を合計のパーセンテージで合計した。また時間の経過に伴う変化が、統計的に有意であるかどうかについても示している（有意でない場合は T 検定を省略している）。

　第一に、財団ごとに定款の具体的な内容に大きな違いがあることがわかる。財団相互の定款の章規定の共分散を測定する相関係数は低い。財団の存立目的としての慈善活動、理事の自選、財団が他の企業を買収することの許容、年齢制限など、いくつかの項目は多数の財団に共通している。他方で、創業者一族への支援の禁止や、会社と財団の住所を同一にすることの禁止などの規定は、まれにしかみられない。

　定款の内容については、予想されたように、長期にわたる高い安定性が認められる。2010 年と 2014 年における定款の内容の相関は 0.9 を超えて非常に高く、きわめて有意である。ただし、このような比較的短い 4 年間におい

表 9.2 産業財団の定款項目（2010、2014）

定款項目	%		平均変化の T-Test
	2010 n=118	2014 n=118	
事業目標	66	64	
事業活動への寄付	44	42	
社員への寄付	42	41	
一族への寄付	38	38	
一族への寄付の禁止	3	2	
財団と企業の目的の一体化	6	8	
慈善事業全般	81	86	2.02**
利益目標	16	14	
リスク回避	41	52	3.34***
財団事務局	31	38	2.37**
財団 CEO	36	37	
同一住所	2	1	
売却の可能性	34	46	3.45***
非常時の売却の可能性	12	11	
通常時の譲渡禁止	19	11	− 3.98***
他の企業	66	64	
準備金積立の義務	21	17	
理事会の自選	81	90	3.47***
必須の兼務	31	27	
必須の分離	9	11	
創業家一族の選出	42	41	
定年	62	61	
社員への寄付	27	27	
一族への寄付	13	14	

*有意水準 10%　　**優位水準 5%　　***有意水準 1%

ても、いくつかの重要な変化が認められる。財団の目的としての慈善活動、
財団の事務局の設置、保有株式の売却の可能性、リスクに慎重な経営判断の
必要性、自選理事などの規定は、より多くの財団で定款のなかに定められる
ようになってきた。他方で、保有株式の売却禁止、必須の利益内部留保、理

事と傘下企業取締役の兼務などの規定は、以前に比べてあまり一般的ではなくなってきている。定款は石の上に刻まれたものではなく、比較的短い期間のなかでも必要に応じて変更される柔軟性がある。経済的に大きな意味を持つ場合の変更は、非常に迅速に行われる。この4年間に、財団の12%が保有企業の株式の売却を明示的に認める規定に変更される一方、売却を禁止する規定を持つ財団は8%減少していたのである。

　一般に産業財団の定款には、事業会社の所有権の継続と慈善事業という2つの目的を掲げている。そのうちの3分の2は、傘下企業の事業の継続を明確な目標に掲げている。それは通常、特定の企業の所有権を通して、その経営に関与し続けることである。一部の財団は、そのような目標を明示していないにもかかわらず、保有企業の存続を目的として掲げているため、結果的には保有企業の経営に関与するという事業上の目的を間接的に表現しているといえるかもしれない。42%の産業財団は、その定款において財団が融資やその他の方法で会社を支援できることを規定している。41%の産業財団が、その定款において、保有企業の従業員を支援することができると定めている。一部（8%）の財団の定款は、財団とその保有する企業を1つの事業体とみなすことを意図している。

　86%の産業財団は、定款に慈善活動を財団の目的として定めている。数値的にみると、創業家への支援はそれほど重要ではない（38%）。しかしそのような支援を明示的に禁止しているのは、ごく一部の財団（2%）である。一般に、財団法と財団の定款の双方が、リスク管理における慎重な判断と、必要以上に大きなリスクを回避する必要性を強調しており、全財団の52%がリスク回避を定款のなかで定めている。ただし一部の定款（14%）は、所有する企業が営利目的で経営されるべきであると定め、具体的に利回りあるいは利益目標を含んでいる。

　財団の定款の3分の1強（38%）が、財団として独立した事務局を擁して財団に必要なサービスを提供する可能性について言及している。ほぼ同数の定款（37%）が、財団がCEO（最高執行責任者としての事務局長）を採用する可能性について言及している。なおこれは、残り3分の2の財団が、事務局やCEOを持てないという意味ではない。逆に、これら3分の1の財団

が必ず事務局や CEO を持っているという意味でもない。実際の数値としては、全財団の 20% が財団 CEO を雇用している（ハンスマンとトムセン 2013a）。しかしおそらく定款で明示的に規定することで、そのようになる可能性が高くなる。ほとんどの場合、事務局の代替として、傘下企業から秘書業務や事務局のサポートを受けている。これにより、傘下企業の社長の解雇など、傘下企業の経営陣にとって不愉快な決定が行われる可能性が低くなると考えられている。別の方法は、外部のプロに業務委託することである。ほとんどの場合、そのような業務委託先は弁護士事務所（その一部は、財団の理事を務めている弁護士が所属する事務所）である。

　財団の約半数（46%）は、その定款で保有企業の株式を売却することを認めている。11% は、財団が存亡の危機に陥った場合に限り、売却を認めている。繰り返しになるが、これは、それ以外の財団の定款が保有企業の株式の売却を禁止しているという意味でも、保有企業の株式の売却を認められている財団が、実際に売却しているという意味でもない。

　財団の定款の3分の2は、財団が創設者から寄付された企業以外の企業も所有することが可能であることを示している。保有企業の売却を認める条項も、財団創設時に寄贈された企業以外に複数の企業の所有を認める条項も、財団と傘下企業との間に「管理上の距離」を生み出すものである。保有企業の売却が可能であったり、複数の企業を保有していたりする場合、傘下企業の維持はもはや不可欠ではないからである。

　ほとんどの財団は、その定款で理事を現職の理事会メンバーが自選できると定めている。デンマーク弁護士会、デンマーク王立科学アカデミー、創設者一族などによって財団理事会メンバー（の一部）を任命するという方法が規定されている定款は、われわれの分析では、全体のわずか4分の1強（27%）であった。また財団の 14% は、理事の独立性を求めていた。

　全定款の4分の1強（27%）は、財団の理事会と傘下企業の取締役会または経営陣との重複を求めていた。そのような財団では、一部の理事は傘下企業の取締役もしくは執行役を兼務する必要がある。対照的に 11% は、そのような兼務を禁止している。おそらく兼務を求める規定の背景には、傘下企業でなにが起こっているかについて、財団の理事会が正確に把握する必要が

あるということがあるだろう。他方で指揮系統の観点からは、「管理の距離」を保つことの重要性から、重複は避けるべきという考えも導かれる。

　定款のほぼ半数（42％）は、創業家メンバーが財団の理事として継続的に関与することを規定している。これは、ハンスマンとトムセン（2013）の研究結果とほぼ一致している。それによると、彼らの分析対象の財団の約半数で、創業家が活動していた。

分析

　トムセンとデン（2014）は、定款の規定の決定要因、とくに財団および／またはその傘下企業の規模、バランスシート、および業績と定款が関連しているかどうかを調べた。

業績（ROA）

　定款に事業を目的として掲げることと、財団の資産利益率（ROA）との間には、強い共分散がみられる。事業を目標として掲げていた財団は、2005年から 2010 年にかけて、平均して 5.1％ の ROA を実現していた。これは、そのような明確な目標を掲げない財団の ROA が 2.2％ であったのに対し、2倍以上である。定款に、財団の目的として事業を掲げることで、財団として傘下企業の収益性により注意を払うことになった可能性がある。他方で、（あまりもっともらしいことではないが）有力な傘下企業を保有する財団が、そのような実績をもとに、定款に事業を目標として強調している可能性もある。

　強制的な準備金の積立、定年、および非常事態における保有企業の売却、という 3 つの規定は、業績との関連性が高い。定款に、非常時に保有企業の株式を売却する可能性を認めている財団の平均 ROA は 4.7％ であるのに対し、そのような条項を持たない財団の平均 ROA はわずか 0.3％ であった。

財団の規模

　いくつかの規定は、大規模な財団でより多くみられる。具体的には、目的としての慈善活動、財団の事務局、財団の最高執行責任者（CEO）、保有企

業の株式の売却の禁止、および傘下企業以外の企業の所有、について言及している定款条項である。他方で、小規模な財団でより一般的な規定もある。これらには、創業家への支援を禁止する条項、財団と会社が同じ住所を持つことを義務づける条項、（自選ではなく）外部から選出された理事会メンバーを求める条項、一族以外の理事会メンバーを求める条項、などが含まれる。

資本構造

財団の資本構造に関連する条項は3点に絞られる。定款に財団事務局の設置が規定されている財団は、ソルベンシー（自己資本／資産）比率が低くなる。同じことは、定款が創設時に株式を寄付された企業以外の企業を所有することを明確に許可している財団にも当てはまる。これらのケースのいずれもで、財団の規模の効果が大きく働くと考えられる。大規模な財団は、事務局を持っている可能性が大きいし、保有する企業が設立当初の企業以外に広がっている。また、借り入れも大きい傾向にある。財団の規模（資産）とソルベンシー（資本／資産）の間には、有意に負の相関がある（ピアソン相関係数−0.07、5%の水準で有意）。同様に、定款に一族以外の理事を必要とする財団はソルベンシー率が高くなっているが、これはおそらく、それらの財団がはるかに小規模である傾向があるためである。

最後に、定款の多くの規定は、上記で示された経済的な変数と相関した変化はないようである。これは、事業への支援、従業員への支援、一族への支援、財団と会社での目的の共有、利益目標、リスク回避、売却の可能性、非常事態における売却の可能性、理事会の自選、財団理事会と傘下企業の取締役会の重複、および、財団理事会と傘下企業の取締役会の分離、に関するものである。

企業特性による効果

トムセンとデン（2014）は、定款の規定が財団所有企業の経済的な特徴と、どの程度共変するかについても調べている。

傘下企業が小規模な場合、いくつかの規定はより重要となる。それらには、

一族への支援の禁止、財団と傘下企業の同一住所への義務づけ、一族以外の理事会メンバーの義務づけが含まれる。

　財団がその定款に事業を目的として掲げている場合や、従業員への支援を可能としている場合、傘下企業と財団が一体的に経営されている傾向がある。対照的に、財団の定款が事務局の設置を認めている場合、および非常事態に傘下企業を売却することが明示的に可能である場合、財団と傘下企業は一体的に経営されていない傾向がある。また、非常時に会社を売却できる場合、財団は企業の高いレバレッジを容認する可能性が大きいかもしれない。逆に、傘下企業が高いレバレッジにあり、負債比率が高く厳しい財務状況にある場合、財団は、必要に応じて保有する企業の売却を検討する可能性がある。

　財団が定款に事業を目標として掲げることと、傘下企業の過去の業績の向上（0.005％に対して3.5％のROA）には関連性が認められる。「株式売却の禁止」に関する規定についても同様である。業績の良い企業を保有する財団においては、保有企業の株式の売却を可能とするよう、定款を変更する可能性は低いと考えられる。他方で（あまりもっともらしいことではないものの）、定款を変えて保有株式の売却を禁ずることで、傘下企業の経営について、より長期的な意思決定ができるようになる可能性があるかもしれない。

　われわれが先に挙げた、定款の6つの規定との関連は次のようになる：慈善目的（＋）、財団事務局（＋）、保有企業の株式売却（＋）、リスク回避（＋）、理事の自選（＋）、保有企業の株式売却禁止（－）、必須の内部留保（－）、および財団理事会と傘下企業取締役会の重複（－）。

変更をめぐる効果

　定款の変更が、どの程度、財団ならびに傘下企業の経済基盤の状態によって影響を受けたかを調べた。結論からいえば、定款の変更は、財団および傘下企業の経済基盤の状態にあまり影響を受けてはいなかった。とはいえたとえば、大規模な財団は保有企業の株式をめぐる「売却禁止」条項を廃止する可能性が高いことがわかった。

　第二に、定款を変更して、リスク回避をより強調することと、財団の財務状況やROAの変化に、それぞれ正の相関があることがわかっている。おそ

らく財団は、バランスシートを連結したり収益を増やしたりすることによってリスクを軽減する必要を、定款の変更や実際の経営の監督を通して認めているのであろう。あるいはROAや財務の健全性の向上は、定款を変更し、それらの点が強調された結果である可能性もある。

　第三に、傘下企業のROAが高い場合や、ROAが上昇している場合、財団が保有企業の株式売却を具体的に可能にするような定款の変更を行う可能性が低下することがわかった。反対に、ROAが低い場合や低下している場合、保有株式の売却が可能となるよう定款を変更する可能性が高くなる。そのような定款の変更は、財団として財政難に直面することを回避すべく、事前に手を打っていたか、または実際に財政難に直面して対応せざるをえなかったかのいずれかが考えられる。あるいは、財団保有という形態が傘下企業にとって好ましいものではなくなったと判断し（というのも、財団が効果的に経営を監督できておらず、企業が業績を出すことができないため）、売却が可能となるよう積極的に行動しているのかもしれない。もちろん、定款を変更して、財団が現在保有している企業の売却を可能にしても、それですぐに保有企業を売却することにつながるわけではない。それにもかかわらず、定款の変更は、傘下企業やそのステイクホルダーとの関係に新しい選択肢を加え、交渉力を高めるうえで、財団にとって有利な方法かもしれない。

　定款を改定して事務局を持つことができるようにすることや、理事会がそのメンバーを自選できるようにすることは、財団の経済のファンダメンタルズの状況とは無関係なようである。

　最後に、トムセンとデン（2014）は、定款の条項から、会社の将来の業績をどの程度予測できるかを調べてみた。まず2010年の規定のどれが、傘下企業の2010年から2014年にかけての業績（企業のROA）と相関しているかを調べた。もっとも顕著な正の関係は、財団と傘下企業が同じ目標を掲げていることであった。これはコーポレートガバナンスをめぐるいくつかの重要な仮定、とくに所有と経営の「管理距離」のもと、外部からの利益への圧力によって、企業とその経営陣がより効率的で、より多くの価値を生み出す経営を行うのを後押しする可能性があると考えられてきたことに反するようである。そのため、上記のような結果は、たまたま定款にこの規定を設けて

いるいくつかの財団にみられる例外とみなしたくなるかもしれない。

　一方、同じ規定は、産業財団の特徴の 1 つを強調している。多くの場合、財団のもっとも重要な目的は事業を成功させることである。そのため、財団の所有する企業は事業活動、なかでも利益と社会的責任の長期的なバランスをめぐって、財団とは異なる見方をする可能性がある。

　企業の ROA と正の相関を示していた 2010 年の定款規定は、それ以外に「事業目標」、「利益目標」、「保有株式の売却禁止」、および「一般慈善目標」であった。ただしこれらの規定の影響は、時間の経過のなかでの統計的制御変数として成立するほど強力ではなかった。

長期的な変化

　これまでは、財団の定款は非常に安定しており、ほとんど変更できないとみなされてきた。しかしわれわれの調査では、2010 年から 2014 年までという比較的短い期間であっても、財団の定款は実際に変化している、とくに重要な点で変化している、ということが示せたと考える。定款の改定をさらにくわしく調査するため、以下において財団の規模に基づいて選ばれた 26 の産業財団（対象となる財団名は、表の注に記す）について、より長期間にわたる変化を調べることにする。表 9.3 に、その結果を挙げている。

　かつて行った調査の規定項目と同じ項目を使って調査したものである。列9.3.2 は、デンマーク産業法務局から入手できた定款のもっとも古いバージョンを示している。前述のように、以前の調査対象は 1958 年から 1997 年の間のものであった（表の列 9.3.1）。列 9.3.2 は 2000 年の現状を示し、列9.3.3 と 9.3.4 は、表 9.2 で使用されたデータから抽出された 26 財団のデータである。

　26 財団しかカバーしていないため、その変化の様子をみるのにたくさんの観察は行っていない。なお、上位 26 財団の保有する資産は、産業財団全体の保有資産の大部分を占めている。

　定款の一部の条項に、比較的大きな改変がみられる。とくに顕著なものとして、以下が挙げられる。

表 9.3　26 財団(注1)における定款の長期的変化

定款項目	%				
	9.3.1	9.3.2	9.3.3	9.3.4	9.3.5
	当初の定款(注2)	2000	2010	2014	2014での平均変化のT-Test
事業目標	42.31	65.38**	69.23	69.23	− 3.03***
事業活動への寄付	34.62	42.31	42.31	42.31	
社員への寄付	30.77	30.77	34.62	34.62	
一族への寄付	30.77	26.92	30.77	30.77	
一族への寄付の禁止	0.00	0.00	0.00	0.00	
財団と企業の目的の一体化	11.54	11.54	11.54	11.54	
慈善事業全般	84.62	84.62	88.46	96.15	− 1.81*
利益目標	7.69	19.23*	19.23	19.23	− 1.81*
リスク回避	42.31	42.31	38.46	38.46	
財団事務局	61.54	61.54	61.54	61.54	
財団 CEO	30.77	42.31*	42.31	46.15	− 2.13**
同一住所	0.00	0.00	0.00	0.00	
売却の可能性	38.46	38.46	38.46	34.62	
非常時の売却の可能性	11.54	15.38	19.23	19.23	
通常時の譲渡禁止	23.08	19.23	23.08	19.23	
他の企業	61.54	73.08*	73.08	73.08	− 1.81*
準備金積立の義務	26.92	30.77	26.92	23.08	
理事会の自選	88.46	88.46	92.31	96.15	
必須の兼務	26.92	46.15**	53.85	46.15	− 1.73*
必須の分離	15.38	15.38	15.38	15.38	
創業家一族の選出	42.31	38.46	38.46	38.46	
定年	69.23	92.31**	92.31	88.46	− 2.00*
社員への寄付	26.92	19.23	19.23	19.23	
一族への寄付	15.38	11.54	15.38	15.38	

注：
1. 26財団は以下の通り：A. P. モラー財団、アレクティア財団、アラー財団、アウグスティヌス財団、ベヴィカ財団、ビッテンとマッツ・クラウセン財団、ブロドレヌ・ハートマン財団、カールスバーグ財団、コフィ財団、デンマーク荒地協会、オベルスケ家族財団、エグモント財団、グロセラー・ロベルト・デルファー・ミンデ財団（シノプティク財団）、ヘンペル財団（旧 J.C.ヘンペル・レガット財団）、KFI財団、ローリツェン財団、レンビ・ムラーとムンク財団、レオ財団、ルンドベック財団、マッツ・エグ・ダムガード家族財団、ノボノルディスク財団、オティコン財団、ポール・デュ・ジェンセン財団、ランボル財団、アスとエィナー・ダニエルセン財団
2. 当該財団で現存するもっとも古い定款（1958～1972の間）

- 財団の目的としての営利事業活動
- 企業への支援
- 利益目標
- 財団 CEO
- 理事の自選
- 財団理事会と傘下企業取締役会での必須の重複
- 定年
- 他の企業の所有

　他方で、リスク回避や理事会メンバーへの外部任命は、あまり重視されていなかった。また、それ以外の規定はそれほど変化していない。

　全体としてこれらの傾向は、財団として事業活動を重視する側面（財団の目的としての事業活動、会社への支援、利益目標、および他の企業の所有権）をさらに強固なものにする傾向があり、財団理事会のプロ化（財団CEO および理事の定年）の傾向と組み合わされている。

　一見すると、外部任命の理事会メンバーの削減と、それにともなう自選理事の増加は、コーポレートガバナンスの現在の傾向と矛盾しているようにみえるかもしれない。しかしどちらの傾向も、少なくとも部分的には、かつて行われていた、政府省庁による理事の任命という慣行の廃止を反映しているといえる。また財団の監督当局は、財団の自主性と独立した管理をますます強調しており、外部の関係者が理事会メンバーを任命した場合、これが損なわれる可能性があるのである。

結論

　財団の定款は、財団において独特の重要な役割を果たしている。企業の定款や細則と異なり、財団の定款は、それをまとめた財団創設者の意志を体現しているため、一般には変更が困難である。創設者自身が逝去したあと、定款は財団の方向性と組織構造を決定するうえで特別な役割を果たす。

　本章では、産業財団の定款についての最初の体系的な証拠を提示した。予想通り、財団の定款はその他の組織のそれとはかなり異なっているが、比較

的安定的でもあった。

　しかし予想に反して、たった4年という短い期間でも、定款の一部に大きな変化がみられた。118の財団の12%が、2010年から2014年までの間に、保有する企業の株式の売却を可能にするよう定款を変更していたことは驚くべきことであろう。財団の監督当局は、明らかに柔軟な対応をとっており、保有企業の株式の売却のような重要な問題についても、財団の求めにうまく対応してきているといえる。

　定款の内容、ならびにその改定は、財団の財政状況とゆるやかに関連しているようでもある。

第 10 章
産業財団の慈善活動

概要

　本書を通して明らかにしたように、ほとんどの産業財団は企業の所有経営と慈善活動という2つの目的を掲げている。これまでは、企業の所有をめぐる考察に多くを費やしてきた。それが産業財団を特徴づけるものだからであり、財団のもっとも重要な目的だからである。

　本章では、産業財団のもう1つの目的である慈善活動を考察する。その重要性は、財団がその目的として掲げているという点だけでなく、大学や博物館、その他の公的機関へ多額の寄付を行っているという点にもある。民間の慈善活動と、そのなかでの財団の役割については、多くの研究が行われてきた。しかし本章では、財団が企業を所有経営していることが、慈善活動に影響を及ぼしているのか、及ぼしているとしたらどのように、という点について考察する。

　まず、企業を所有経営する財団は慈善活動の水準を低くする傾向がある、という仮定を置く。というのも、利益の一部を事業の発展のために回そうとするからである。とはいえ長期的には、傘下企業へ再投資を行うという産業財団の方針のおかげで資産ベースを拡張することができ、結果として寄付総額が高い水準となっている。

　また、事業会社を保有し経営することが慈善活動の方向性にも影響を与えるということも想定できる。たとえば、研究開発が重要な事業会社を所有す

る財団は、研究機関や高等教育機関への支援を行う可能性が大きいのではないか。さらには、たとえばバイオテクノロジーやエンジニアリングなど、財団が所有する企業が活発に行っている研究開発分野と結びついた研究分野を支援したいと思うのではないか。

　最後に、事業を経営するノウハウを転用することで、そのようなノウハウを持たない通常の財団が株式や債券にポートフォリオで分散投資をせざるをえないのに対し、産業財団は、より効果的に慈善活動を含む財団業務を展開することができるのではないか。

　本章ではまず、産業財団の慈善活動に関する概念的な論点を検討する。そのうえで、デンマークの慈善活動で大きな存在を持つ産業財団の慈善活動を検証する。そのなかで、デンマークの産業財団が特別な役割を果たしている研究開発に対する支援をくわしくみることにする。これは、産業財団の寄付活動の大半を占めるものである。

産業財団の慈善活動

　産業財団は、所有する企業を通して事業活動を行うのに加え、慈善活動も行っている。これは法的な要請のもとで行われているわけではない。というのもデンマークの財団法は、財団が事業活動を行うことだけを目的として設立されることも認めているからである。しかしほとんどの場合、財団はその定款でさまざまな慈善活動を目的の1つに掲げている。その意味で財団は、企業の所有経営と慈善活動の2つの目的を同時に掲げて設立されているといえる。

　慈善活動は大学や学校、個人、博物館や劇場などへの寄付活動を意味する。しかし財団が自ら病院や博物館を運営するなど、非営利事業を行うことも含まれる。

　慈善活動に関しては、さまざまな先行研究がすでに行われている。ここではそれらをくわしく紹介するものではないが、財団による事業会社の所有が、その慈善活動にどのような影響を与えているか、また、財団の慈善活動が事業にどのような影響を及ぼしているか、について考察する。

　この分野は、さまざまな意見が対立している。まず多くの財団は、自分た

ちは独立した存在であり、保有する企業との間に特殊な利害関係を持つもの
ではないと主張するであろう。したがって、所有する企業を利するために慈
善活動を行うようなこともない、そもそもそのような行為は、財団から企業
への補助金に近い危険な行為である。企業にとって必要な研究開発は、通常
の事業計画の一環として企業が費用を負担して行うものであり、慈善活動を
利用して行うものではない。また税務当局も、企業の商業的な目的のために
研究開発への寄付が行われた場合、非営利の慈善行為として無税扱いを認め
ることはないであろう。

　とはいえ、財団の慈善活動を効果的に行うため、事業活動で培った能力を
使うといった相乗効果は十分に考えられる。たとえば、研究開発に重きを置
く事業会社を所有経営する財団は、そのノウハウを使うことで、寄付の対象
として財団の目的に適うふさわしい研究プロジェクトを選び、支援すること
ができるかもしれない。また、慈善活動を通して社会的な評判や尊敬を集め
ることができれば、それは事業活動にも有益である。一例が、ノルウェーの
財団保有企業、カヴリ（Kavli）である。同社は社員に対して、同社は善行
のために仕事をする企業であるとつねづね言っていた。

寄付[1]

　ラオとトムセン（2012）は、デンマークの規模の大きな 82 の産業財団の
2006 年から 2010 年までの寄付を検証した。その際、15 の産業財団ではない
通常の財団をベンチマーク対象とした。サンプル調査ではあるが、その規模
から、デンマークにおける産業財団ならびに通常の財団の寄付活動のかなり
をカバーしていることになる。

　産業財団による寄付は、およそ年 50 億クローナ（約 7 億ドル）で、上昇
基調にある。同様の傾向は産業財団以外の財団にもみられる（図 10.1）。

　50 億クローナはデンマークの GDP の 0.3％、デンマーク政府予算の 0.5％
に相当する。そういう意味では、財団の雇用や経済活動への貢献に比べて小
さい。とはいえ、50 億クローナという額は決して少ない額ではない。

---

(1)　ラオとトムセン（2012）に依拠する。

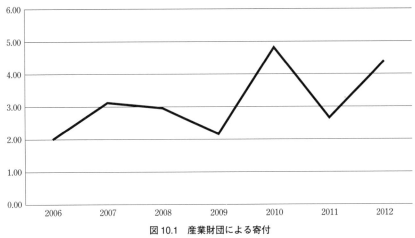

図 10.1　産業財団による寄付
（単位：10 億クローナ）

表 10.1　財団の寄付状況（2006-2010）%

	産業財団 96	それ以外の財団 15	統計的有意
寄付／利益（%）	9.2%	126.8%	***
寄付／株価（%）	0.8%	5.5%	***

出典：Rao and Thomsen（2012）に基づいて算出

　寄付は、規模の大きな財団に集約されている。上位 10 財団の寄付が、産業財団全体の寄付の 92% を占める。上位 20 財団では 98% となる。

　表 10.1 で、産業財団の株式や利益に対する寄付の割合を通常の財団のそれと比較した。

　通常の財団が利益の 100% 以上を寄付に回しているのに対し、産業財団は 9% 程度しか回していない。また株式に対する割合では、通常の財団が 5% 以上であるのに対し、産業財団は 1% にも満たない。ちなみに株式の 5% 相当の寄付というのは、アメリカにおける財団に対する規制と同水準である。財団の規模でコントロールしたうえで両者の違いは大きく、統計的に有意である。

　産業財団は事業を目的として設立されており、それに加えて慈善活動も目

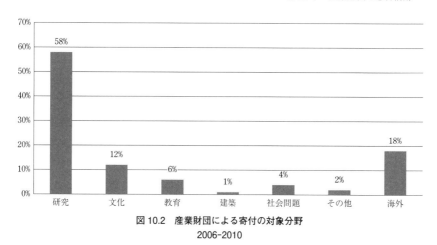

図 10.2　産業財団による寄付の対象分野
2006-2010

的として掲げられている。そのため、利益を所有企業の成長や保有株式の拡充に回すことが優先されるわけである。その結果、産業財団の保有株式は、通常の財団のそれに比べて速く拡大する傾向がある。2006 年から 2010 年までの間に、産業財団の保有株式は 2.7% 拡大したのに対し、通常の財団は1.7% であった。財団のなかのばらつきが大きく、統計的に有意な結論が導かれたわけではないが、財団の規模（保有株式）で調整した結果の意義は明らかである。

　図 10.2 は、2006 年から 2010 年までの産業財団の寄付の内訳を示したものである。

　寄付の半分以上（58%）が「研究」を対象としていることがわかる。この点については本章の後半であらためて考察する。次が「文化」で、寄付総額の 12% を占める。そして「教育分野」への寄付（6%）が続く。この分野には、大学のような研究機関への寄付も含まれる。「内部寄付」というのは、財団運営や継続プロジェクトに回すものを会計上、計上したものである。

産業財団の運営費

　財団の寄付の規模に比べると、財団の運営費が大きい（平均で 10% 台）ようにみえる。しかしラオとトムセン（2012）は、通常の財団の運営費が寄

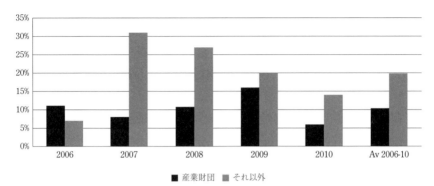

■ 産業財団 ■ それ以外

図10.3　寄付総額に占める運営費（%）

付の規模に対して20%台であることを明らかにし、それとの比較からは、決して大きいとはいえないことを示した（図10.3参照）。

規模の経済

　財団運営には、大きな規模の経済が認められる。図10.4は、寄付に対する財団の運営費の占める割合を、財団の規模ごとに示したものである。財団は十分位数を使い、寄付額の上位10財団が第1グループ、11位から20位までが第2グループ、というように、その寄付総額で5つのグループに分けた。寄付総額のデータは2010年のものを使用している。

　この図から明らかなように、財団の規模が大きくなるほど運営費が下がる。上位10財団からなる第1グループは、寄付あたりの運営費単価が2%（すなわち1ドルの寄付をするのに2セントの運営費がかかる）である。それに対して、第2グループは一気に26%と10倍以上も上昇する。第5グループに至っては、寄付金額の80%相当が運営費にかかっている。このように、財団の運営には規模の経済がきわめて大きい。寄付金額が大きければ大きいほど、寄付に関する運営費を下げることができ、寄付を有効に行うことができる。

　もちろん多くの産業財団にとって、主たる目的は事業活動である。そこで寄付をめぐる考察を、もう1つの観点から行ってみる。すなわち、財団の株式と運営費との関係である。

規模別の寄付総額に占める運営費（%）

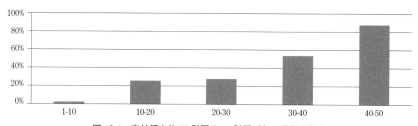

図 10.4　寄付額上位 50 財団の 10 財団ごとの運営費割合

規模別の寄付総額に占める運営費（%）

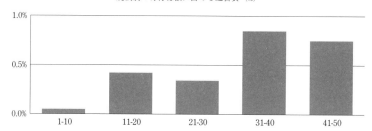

図 10.5　企業の時価総額上位 50 財団の 10 財団ごとの運営費割合

　図 10.5 に、財団が保有する株式 1 クローナあたりの運営費を、デンマークの上位 50 産業財団の規模により 5 グループに分けてプロットした。財団は所有株式の規模により、上位 10 財団、次の 10 財団、その次の 10 財団、というように十分位数を使ってグループ分けした。また運営費については、2006 年から 2010 年までの平均を、株価は（ちょうど中間年である）2008 年を用いた。

　若干の変動はあるものの、財団の規模と単位あたりの運営費との間には、明らかな関係がある。上位 10 財団の年間の運営費は、保有株式 1 クローナの 0.1% にも満たない。次の 10 財団は 0.4% と、一気に 4 倍以上に増える。その次の第 3 グループの運営費は下がっているが、第 4 グループ、第 5 グループのそれは再び上昇し、それぞれ 0.8%、0.7% である。

　運営費が保有株式の平均 0.1%、調整後平均 0.5%、というのは、通常、投資銀行やヘッジファンド、あるいはプライベート・エクイティ・ファンドな

どの資産運用機関が 1〜2% の料金をとっているのと比べても低廉であるといえる[2]。

研究への寄付[3]

すでに触れたように、産業財団はデンマークにおける研究開発に重要な役割を果たしている。財団の寄付の 3 分の 1 から 2 分の 1 が、研究に対するものである。2010 年に行われた寄付 25 億クローナは、政府の研究支援予算の 15%、デンマークの R&D 総額の 5% に相当する。薬学とバイオテクノロジーは、財団の存在がとくに大きな分野である。また教育や公共建築への寄付も、間接的ながら研究機関への支援となっている。また、デンマークの財団は、デンマークの研究開発投資総額の約半分を占める大規模な研究活動を行っている企業を所有している点でも、ユニークな役割を果たしている（トムセン、2012b）。これらの企業は、デンマークや海外の研究機関と、きわめて活発な研究協力を行っている。デンマークの財団は、国の R&D のかなりの部分を直接的、間接的に支えているのである。

デンマークにはおよそ 1300 の産業財団に加えて、1 万近い通常の財団が存在し、これらの財団も研究や各種のイノベーション活動を支援している。また財団以外にも研究開発を支援する団体が存在する。その最大のものは、株式会社に転換されたかつての金融相互会社の剰余積立金を運用する団体である。また政府系の財団（Statens Grundforskningsfond）も長期にわたる比較的大きな研究補助を、大学の基礎研究に対して行っている。

図 10.6 において、規模の大きなデンマークの産業財団の研究支援の寄付を示した。図は、2006 年から 2012 年までの寄付総額とそのなかの研究開発への支援の推移をプロットしたものである。

以下の表 10.2 では、産業財団がそれ以外の財団よりも研究開発をより積極的に支援しているかどうかを調べたものである。産業財団は予算の 6.9% を研究開発支援に回しているのに対し、それ以外の財団は 4.7% であった。

---

(2)　メトリックと安田（2010）を参照。
(3)　以下は欧州委員会 EUFORIE 報告書（2014）に依拠する。

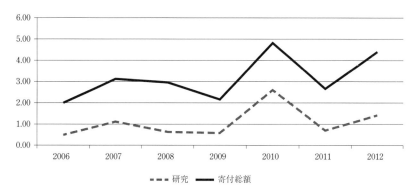

図 10.6　産業財団による寄付：総額と研究への寄付（10 億クローナ）

表 10.2　財団の R&D への寄付状況（2006-2010）

	産業財団 55	それ以外の財団 15	統計的有意
寄付総額に占める研究への寄付	6.9%	4.7%	NS
寄付総額に占める研究への寄付 （株価で示す企業規模で調整後）	30.1%	6.5%	***
寄付総額に占める非ゼロ寄付	41.0%	23.6%	**

出典：Rao and Thomsen（2012）に基づいて算出

　これ自体は統計的に有意な違いとはいえないが、研究開発への支援を行っている財団のみに絞り規模による調整を行うと、その違いは明白になる。

　寄付総額、および R&D 支援額のいずれも、この期間に大きく伸びている。大きな変動は、個々の財団の動き、ならびに景気の変動に影響されている。R&D 支援が全体のかなりを占めていることが明らかである。2010 年には、全体のおよそ 50% が研究への支援であった。その後、割合は幾分下がっており、現在はおよそ 3 分の 1 を占めている。

　産業財団以外の財団からの寄付も増えている。それらのなかで、とくに大きな財団からの寄付は 2006 年から 2012 年までの間に 10 億クローナから 25 億クローナに拡大している。

　ここで取り上げられなかった小規模な財団（産業財団もそれ以外も）を含むデンマークの全財団の寄付総額は、2012 年の 1 年間で 30 億クローナ（4.35 億ユーロ）と見積もられ、R&D への公的支援総額 27 億ユーロの約 20

％、デンマーク全体の研究開発支出の6％を占める。これに加えて、財団所有企業が自ら行う研究開発が250億クローナで、先に示したように、デンマーク全体のR&Dのおよそ50％となるのである。

これらの寄付の主な受益者は、さまざまな分野の研究活動を行っている公立大学である。通常、財団は複数の分野の研究プロジェクトへの支援を行う。そのほとんどは自然科学、工学、技術、医学、社会科学や行動科学、そして人文学である。農業科学を対象としたものは、それに比べるとごくわずかである。

対象となる活動は、研究のための旅費、研究者のキャリア構築支援、研究関連のインフラや機器類、研究成果の普及、科学広報、教育などである。すべての財団は、複数の分野を対象に支援を行っている。いくつかの財団は、特定の分野に大掛かりに、かつ戦略的に関与した新規の教授ポジションをサポートしている。ほとんどの財団は、自分たちの役割が政府の研究開発支援活動のかわりをするのではなく、それを補うものだと位置づけている。

財団は、その研究支援を意義のあるものとして積極的に行うべきだと考えている。そのため、少額の寄付を薄く広く行うことは避け、より慎重かつ長期的な観点から、支援の対象を選んでいる。リスクやノウハウを共有し、意味のある貢献を行うべく、大学や政府の研究機関、他の財団などと協力しながら支援を行うことが多い。

デンマークの研究開発における財団の役割の広がりにともない、政策上の課題がいくつか提起されるようになった。そもそも研究開発への財団の支援の意義については、政策立案者も財団も一致している。双方とも、財団が研究とイノベーションへの取り組みに対して、財政的な支援と戦略的な方向性を提供することの社会的な意義を認めている。双方は、このような動きをさらに発展できる可能性についても同意している。また双方は、財団とその寄付の受益者（主に大学）が緊密に協力し、双方の目的や仕事の進め方を理解するために、財団と大学との間の対話や大学の組織文化の変革が重要であることを理解している。政策面では、官民連携への強い支援策が整備されており、研究開発への政策的支援はその一例である。

しかし課題も残されている。まず、大学側の一部には、民間部門の特定の

利益に資するような公共部門の研究活動への民間の関与は、好ましくないという考えも残っている。世界中の研究者や大学には、民間による研究への資金供与を「学問の自由」を脅かすものとして問題視する見方もある。また大学の事務部門にとっては、民間の資金供与が事務プロセスを複雑化し、遅滞させるものと否定的に捉えることが多い。

　また、民間による研究への資金供与の目的と、公的な研究助成の目的とで、研究開発支援の戦略をめぐる本質的な利害対立が存在するのではないかと考えている政策立案者もいる。民間と公的部門との調整の問題もある。適切な調整なしに資金補助を行うと、ひずみが発生する可能性がある。たとえば、ある種の研究は、民間からも公的部門からも支援されるのに対して、別の研究は、だれからも相手にされないといったことが起こりうる。そこで財団と公的部門との間で情報を共有し、調整を行うことが重要となる。

　第三に、財団の理事たちの側にも、近代の大学の研究開発のあり方やその限界についての知識が限られていることも指摘される。

　重要な問題として認識されるようになってきたものに、政府も財団も、近年、国際的なエリート研究グループへの支援に注力しすぎている、というものがある。ここ数十年にわたり、デンマーク政府はトップレベルの研究プロジェクトへの支援を増やしてきた。ほとんどの財団も同様である。そのような研究プロジェクトは、過去のすぐれた実績があるものばかりで、結果として研究支援が偏ったものとなってきており、支援を受けやすいプロジェクトとそうでないものとの分断が広がっているという指摘もある。そもそも大学は、広く社会的な意味を持つさまざまな分野において、研究をもとにした教育を行ってきた。支援の不十分な研究分野は、持続可能ではない。また、少なからぬ画期的な研究は、過去の実績の延長上に生まれるのではなく、若くて経験も浅い研究者による偶発的な発見によって生まれている。そういう意味では、偏った支援戦略に基づいたえり好みした研究支援ではなく、幅広くさまざまな研究への支援の継続が必要なのである。

　もう 1 つ、問題がある。それは財団の支援の水準である。産業財団の目的が、事業活動と慈善活動の 2 つであることから、少なからぬ額を事業への再投資に回すため、通常の財団に比べて相対的に少ない額しか研究支援に回さ

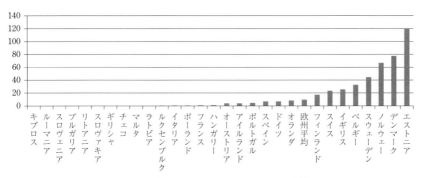

図 10.7　財団の研究とイノベーションへの支援
（2012、1人あたり、ユーロ）

ない。継続的に事業に再投資することで、財団の資産は増大する。そうすると、財団の資産に対する慈善活動の規模はさらに低くなる。しかし長期的には、多くの産業財団の事業はそのような再投資により成長し、成功してきた。それにより、結果的にはより潤沢な慈善活動が実現できているわけで、一見すると財団の資産規模に比べて少ないようにみえる慈善活動も、十分に説明できるのである。

　その結果、図 10.7 に示すように、デンマークの産業財団の研究やイノベーションへの支援額は、ヨーロッパではエストニアに次ぐ第2位の規模を誇っている。エストニアについていえば、財団は実質的には政府の一部とみなされるものである[4]（欧州委員会 EUFORIE、2014、p.371）。ノルウェーの財団の一部も、実質的には政府系の組織である（同書 p.862）。

　エストニアの財団が政府系であることを考慮すると、デンマークは、純粋に民間の財団による研究とイノベーションへの支援において、ヨーロッパでもっとも大きな貢献をしているといえる。そしてその多くは産業財団によって賄われているのである。

（4）　エストニアは人口 140 万人とデンマークよりも小さく、同国の全財団のあげる収益の 84% を 2 つの財団が占めている。欧州委員会 EUFORIE の同じ研究によれば、デンマークは 5 つの産業財団の収益が 1 億ユーロを超え、イギリスの 8 財団、ドイツの 4 財団の収益に匹敵する。

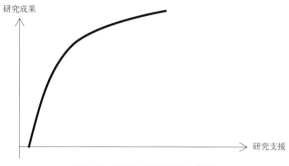

図 10.8　通常の支援と成果の関係

社会的な意義

　第三の課題は、民間部門からの研究開発支援を受ける側、とくに大学側の対応能力である。研究部門や大学などの研究組織の多くは、もともと優秀な研究者や研究設備が不足しがちで、支援の規模の拡大が、そのまま研究成果の拡充につながりにくい「限界効用の低減」がみられる。この状況を図 10.8 に示す。

　問題は、民間や公的な研究開発への支援の増加は（少なくとも短期的には）限界効用を下げる結果につながる、という点である。民間の研究支援の増加にともなって、研究成果も増えるという状態ではない。この考察から導かれるのは、特定のエリート研究プロジェクトへの集中的な支援は、低い限界効用しかもたらさないが、より幅広い分野への比較的少額の支援は、より高い効果をあげるかもしれない、という点である。

　図 10.8 は、その他の条件が一定（すなわち、研究者や大学の設備などが一定の状態のもとで）の場合の、研究支援の短期的な影響を分析したものである。とはいえ、同じことが、よりシステミックな研究開発支援体制を構築した場合にもいえるかどうかは、また別問題であろう。そのようなケースでは、たとえば大学は世界的に人材を獲得し、必要な設備を拡充することもできる。そうすると、投入された支援に見合った研究成果や、場合によっては、投入された支援以上の成果が、期待できるようになるかもしれない。

　研究支援の成果を最大限に実現するためには、財団側も、よりシステミックに支援を計画し、支援の対象を広げたり支援額を拡充したりするとともに、

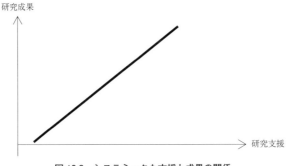

研究成果

研究支援

図 10.9　システミックな支援と成果の関係

支援を受け入れる側がボトルネックを起こさないよう準備を進め、それによって、限界効用低減が発生しないように努力をする必要がある。そのような支援の例として、新たな研究設備、外部から登用された国際的なスタッフと新たな組織、などを一体的に実現した研究センターの設立があろう。デンマークのような小国でシステミックな研究支援を実現するためには、国際化を進めて、国内だけでは不足する人材などの資源の確保を行うことが必要となる。すなわち、財団の研究支援を今後も拡充していくためには、国内での研究を円滑に進めるうえでの制約を、国際化を通して克服していく必要があるわけである。

　歴史的にみると、デンマークの財団は自国内における研究開発の拡充に注力してきた。しかし自国内といっても、研究者の海外への派遣や、海外からの研究者の招へいなども支援対象とするなど、きわめて柔軟ではあった。また例外的ではあるが、海外の研究機関への支援を行ったこともある。近年、財団は研究開発における国際化を重視している。とはいえ通常は、デンマークの研究機関と海外の機関とのパートナーシップが国際化の対象である。

　そのような財団の国内重視は、財団の定款に関係する場合がある。定款において、デンマークにおける研究を支援する、というようなことが明記されている場合があるからである。とはいえ創業者により制定された財団の定款を、時代の変化にともなって再定義することができれば、国際的な研究も対象となるかもしれない。たとえば創業者の遺志を今日において実現するうえで国籍にこだわりすぎると逆効果となると説得的に提起することができれば、

定款の変更は十分に可能である。もちろん多くの場合、財団の目的はきわめて広く定義されており、最終的に国益や社会にとって有益であると言えれば、どのような国際的な研究プロジェクトであっても、たいていの場合は支援対象となる。

　そのうえでなお、国際化を進める際の課題があるとすれば、財団の定款が慈善活動の対象をデンマークに限定している場合や、財団の理事会が99%デンマーク人で構成されている点などであろう。とはいえ現実には、デンマークの大学における国際的な研究開発プロジェクトへの支援が問題とされたことはない。もちろんデンマークの財団が、自分たちのあまりよく知らない海外の研究機関への支援をためらうことも理解できる。そのような海外の研究機関やそのプロジェクトをより良く理解できる海外の財団による支援のほうが、結果的にはより効果的なはずである。

結論

　デンマークの産業財団は、事業を行う企業の所有者としての役割に加え、デンマークの民間部門による慈善活動のほとんどを担う役割も果たしてきた。

　短期的にみると、産業財団は事業への再投資を優先するため、幅広い分野での慈善活動を行う通常の財団よりも慈善活動が活発とはいえない。しかし長期的にみれば、事業への再投資のおかげで資本が厚くなり、事業が成功し、より多くを慈善活動に回すことができるようになる。

　また、産業財団は専門性の高い人材による財団運営が実現できていることや、事業会社の運営に必要なノウハウとのシナジーが認められることから、運営費を低く抑えることができている。財団運営における規模の経済も認められ、資産規模の大きさにともなって、運営費用の単価を低くすることができる。

　産業財団の慈善活動の多くは、研究開発への支援である。その理由の一部は、傘下企業の事業との関連性である。そのような理由や、財団保有企業の優れた業績から、デンマークの民間部門の研究開発支援は、ヨーロッパでもっとも規模が大きい。

参 考 文 献

(本文の日本語表記 50 音順)

ア行

アーシャンボ

Archambault, E. (2001). France. In Schlüter, A., Then, V. and Walkenhorst, P. (Eds) Foundations in Europe : Society Management and Law. London : Directory for Social Change.

アカロフとクラントン

Akerlof, G. and Kranton, R. (2000). Economics and Identity. The Quarterly Journal of Economics. Vol. 115(3), pp. 715-753.

Akerlof, G. and Kranton, R. (2005). Identity and the Economics of Organizations. Journal of Economics Perspectives. Vol.19(1), pp. 9-32.

Akerlof, G. and Kranton, R. (2008). Identity, Supervision and Work Groups. American Economic Review. Vol.98(2), pp. 212-217.

Akerlof, G. and Kranton, R. (2010). Identity economics : How our identities shape our work, wages, and well-being. Princeton, N. J. Princeton University Press.

アスカー

Asker, J., Farre-Mensa, J. and Ljungqvist, A. (2011) Comparing the investment behaviour of public and private firms. NBER Working Paper No. 17394.

アミットとヴィラロンガ

Amit, R. and Villalonga, B. (2006) : How do family ownership, control and management affect firm value? Journal of Financial Economics, vol. 80, issue 2, pp. 385-417.

アメリカ合衆国下院

House of Representatives. (1969). The Tax Reform Act of 1969 (H.R. 13270).

アルダーファー

Alderfer, C. P. (1972). Existence, relatedness, and growth. New York : Free Press.

アロー

Arrow, K. J. (1970). Essays in the theory of Risk Bearing. North Holland.

アンダーソンとリーブ

Anderson, R. C. and Reeb, D. M. (2003). Who monitors the family? SSRN Electronic Journal.

ウイルソン

Wilson, D. S. (2015). Does Altruism Exist? Culture, Genes, and the Welfare of Others (Foundational Questions in Science). New Haven. Yale University Press.

エコノミスト

The Economist. (2001). Italy's charitable foundations. Odd sort of ownership. Consolidating Italy's poorly-performing banks. Oct 25th, 2001.

エディ

Edie, J. A. (2010). Good or not so good governance of non-profit organizations : factual observations from the USA. In K. J. Hopt, T. von Hippel. Eds. Comparative Corporate Governance of Non-Profit Organizations. Cambridge University Press, Cambridge 2010.

エリス

Ellis, C. (2008). The Partnership. The making of Goldman Sachs. Penguin Press. New York.

欧州委員会 EUFORIE（研究とイノベーションのための欧州の財団）報告書

European Foundations for Research and Innovation (EUFORIE), European Commission (2014). http : //test.giving.nl/wp-content/uploads/2015/08/EUFORI-Final-Report-Digital-Version.pdf

カ行

カーステンセン

Carstensen, C. (2010). Asset management in non-profit organizations. In K. J. Hopt, T. von Hippel. Eds. Comparative Corporate Governance of Non-Profit Organizations. Cambridge University Press, Cambridge.

カーナほか

Khanna, T., Palepu, K. G. and S, J. (2005). Strategies that fit emerging markets. Harvard Business Review, June 2005 issue.

カプランとミントン

Kaplan, S. N. and Minton, B. A. (2012). How has CEO Turnover Changed? International Review of Finance, Vol. 12(1), pp. 57–87.

カペスとシュミット

Kappes, I., and Schmid, T. (2013). The Effect of Family Governance on Corporate Time Horizons. Corporate Governance : An International Review, 21(6), 547-566.

クーン

Kuhn, J. (2015). Note : Industrial Foundations in the Danish Register Databases. Working paper. The Research Project on Industrial Foundations.

クーンとトムセン

Kuhn, J. and Thomsen, S. (2014). The Demography of Danish Foundation-Owned Companies. Working Paper. The Research Project on Industrial Foundations. http : // www.tifp.dk/wp-content/uploads/2015/04/Demography05.pdf.

Kuhn, J. and Thomsen, S. (2015a). Performance Drivers in Foundation-Owned Companies. Working Paper. The Research Project on Industrial Foundations. http : //www. tifp. dk / wp-content / uploads / 2011 / 11 / Performance-Drivers-in-Foundation-Owned-Firms.pdf

Kuhn, J. and Thomsen, S. (2015b). Changes in Foundation Ownership and Firm Performance. Working Paper (in process). The Research Project on Industrial Foundations.

グレーザー

Glaeser, E. L. (2002). The Political Economy of Hatred. National Bureau of Economic Research. Cambridge, Mass ; NBER Working Paper.

グレーザーとシュライファー

Glaeser, E. L. and Shleifer, A. (2001). Not-for-profit entrepreneurs. Journal of Public Economics 81(1) : 99-115.

クレマーズほか

Cremers, M., Pareek, A. and Sautner, Z. (2013). Stock Duration and Misvaluation. Universiteit van Amsterdam, University of Notre Dame, Rutgers University.

クロンケ

Kronke, H. (1988). Stiftungstypus und Unternehmensträgerstiftung. Tübingen : J.C.B. Mohr.

ケイ

Kay, J. (2012). The Kay Review of UK Equity Markets and Long-Term Decision Making. Final Report July 2012.

コックス

Cox, D. (1987). Motives for Private Income Transfers. Journal of Political Economy. Vol. 95, No. 3, pp. 508-546.

コンヨンとトムセン

Conyon, M and Thomsen, S. (2012). Corporate Governance : Mechanisms and Systems. Jurist- og Økonomforbundets Forlag. DJØF. Copenhagen, DJØF Publishing.

サ行

サイモン

Simon, H. A. (1947). Administrative Behaviour. The Macmillan Co. : New York.

産業財団法委員会

Erhvervsfondsudvalget. (2012). LU - Landeundersøgelse til brug for Erhvervsfondudvalget. Notat. Bilag 55.

ザンシ

Dzansi, J. (2011). Foundations and Investment Performance : The role of non-financial motives. Global Economy and Finance Journal Vol. 5. No. 2. September 2012, pp. 58-78.

シェリング

Schelling, T. C. (1960). The Strategy of Conflict. Harvard University Press.

Schelling, T. C. (2005). Strategies of Commitment and other Essays. Harvard University Press.

ジェンセン

Jensen, M. C. (2001). Value Maximization, Stakeholder Theory, and the Corporate Objective Function (October 2001). Unfolding Stakeholder Thinking, eds. J. Andriof, et al, (Greenleaf Publishing, 2002). Also published in JACF, V. 14, N. 3, 2001, European Financial Management Review, N. 7, 2001 and in Breaking the Code of Change, M. Beer and N. Norhia, eds, HBS Press, 2000.

事業財団法 (EFL)

Erhvervsfondsloven. (2014).

シュタイン

Stein, J. C. (1988). Takeover threats and managerial myopia. Journal of Political Economy 46. 61-80.

Stein, J. C. (1989). Efficient Capital Markets, Inefficient Firms : A model of myopic corporate behaviour. Quarterly Journal of Economics 104, 655-669.

シュピーゲル

Spiegel, M. (1995). Charity without Altruism. Economic Inquiry.

シュライファーとサマーズ

Shleifer, A. and Summers, L. H. (1988). Breach of Trust in Hostile Takeovers. In Corporate Takeovers : Causes and Consequences. Alan J Auerbach, 33-56. Chicago : University of Chicago Press.

スタインバーグ

Steinberg, R. (2010). Principal-agent theory and non-profit accountability. In K. J. Hopt, T. von Hippel. Eds. Comparative Corporate Governance of Non-Profit Organizations. Cambridge University Press, Cambridge 2010.

スターク

Stark, O. (1995). Altruism and beyond : an economic analysis of transfers and exchanges within families and groups. Cambridge University Press.

スミス

Smith, A. (1776) An inquiry into the nature and causes of the wealth of nations. Smith, Adam. Volumes I and II. R. H. Campbell and A. S. Skinner, eds. Liberty Fund : Indianopolis.

タ行

デッカート

Deckert, K. (2010). Non-profit organizations in France. In K. J. Hopt, T. von Hippel. Eds. Comparative Corporate Governance of Non-Profit Organizations. Cambridge University Press, Cambridge.

デムゼッツとレーン

Demsetz, H. and Lehn, K. (1985). The structure if corporate ownership : Causes and consequences. Journal of Political Economy. Vol. 93, No. 6, pp. 1155-1177.

デ・ヨングほか

De Jong, A., DeJong, D., Mertens, G., and Roosenboom, P. (2007). Investor Relations, Reputational Bonding, and Corporate Governance : The Case of Royal Ahold. Journal of Accounting and Public Policy 26 : 328-375.

デロイト

Deloitte. (2012). Investigation of industrial foundations. September, 2012.

デンマーク財務諸表法

DFSA - Danish Financial Statements Act.

デンマーク政府税制調査会

Skattekommissionen. (2009). Lavere skat på arbejde. Skattekommissionens forslag til skattereform. Finansministeriet.

デンマーク税務省

Skatteministeriet. (2014). Succession til Erhvervsdrivende Fonde. http://www.skm.dk/media/1209173/succession-til-erhvervsdrivende-fonde_rapport.pdf - skal det her link med?

Law on taxation of foundations and certain associations" (Lov om beskatning af fonde og vise foreninger). Lov nr 961 af 17/08/2015. (2015). Danish Tax Ministry Announcement 961 17/08/2015.

デンマーク中央銀行

Danish Central Bank's Publication. (2012). Chapter 7. Denmark's Central Bank.

ドゥタとサンダラム

Dutta, P. and Sundaram, R. (2001). Survival and the art of profit maximization. Review of Economic Design, Vol. 6(3), pp. 429-446.

ドゥタとラトナー

Dutta, P. and Radner R. (1999). Profit Maximization and the Market Selection Hypothesis. The Review of Economic Studies, Vol. 66, No. 4. (Oct. 1999), pp. 769-798.

トムセン

Thomsen, S. (1996). Foundation ownership and economic performance. Corporate Governance. An International Review 4(4).

Thomsen. S. (1999). Corporate ownership by industrial foundations. The European Journal of Law and Economics 7(2).

Thomsen, S. (2006). Industrial foundations - foundation ownership of business companies. In K. Prewitt, M. Dogan, S. Heydemann and S. Toepler (eds.) The Legitimacy of Philanthropic Foundations, pp. 236-251. Russel Sage Foundation.

Thomsen, S. (2012a). What Do We Know About Industrial Foundations? Working Paper. The Research Project on Industrial Foundations. http : //www.tifp.dk/wp-content/uploads/2011/11/What-Do-We-Know-about-Industrial-Foundations.pdf

Thomsen, S. (2012b). Industrial Foundations in the Danish Economy. Working Paper. The Research Project on Industrial Foundations. http : //www.tifp.dk/wp-content/uploads/2011/11/Industrial-Foundations-and-Danish-Society1.pdf

Thomsen, S. (2012c). Trust Ownership of the Tata Group. Working Paper. http : //papers.ssrn.com/sol3/papers.cfm?abstract_id=1976958

Thomsen, S (2014). The Comparative Governance of Non-profits. European Company and Financial Law Review. 11(1).

Thomsen, S. (2015). Foundation Ownership at Kavli. Working Paper. The Research Project on Industrial Foundations. http : //www.tifp.dk/wp-content/uploads/2011/11/Kavli043.pdf

トムセンとデン
Thomsen, S. and Degn, S. M. (2014). The Charters of Industrial Foundations. Working Paper. The Research Project on Industrial Foundations. http : //www.tifp.dk/wp-content/uploads/2015/04/Charters06.pdf

トムセンとローズ
Thomsen, S. and Rose, C. (2004). Foundation Ownership and Financial Performance : Do Companies Need Owners? European Journal of Law and Economics, 2004, Vol. 18(3), pp. 343-364.

ドラハイムとフランク
Draheim, M. and Franke, G. (2014). Foundation Owned Firms in Germany : Governance and Performance. Working paper

Draheim, M., and Franke, G. (2015). Foundation Owned Firms in Germany - a Field Experiment for Agency Theory. Working Paper, University of Konstanz.

ナ行
ナデージュ
Nadège, J. (2014). Reforming the Corporate Governance of Italian Banks. September 2014 IMF Working Paper WP 14/181.

ニールセン

Nielsen, S. B. (2014). Industrial Foundations in the Tax System. Working Paper. The Re-
search Project on Industrial Foundations. Paper presented at the 70ᵗʰ Annual Confer-
ence of The International Institute of Public Finance (IIPF). http : //www.tifp.dk/wp
-content/uploads/2011/11/if-tax-sbn.pdf

ニューハウス

Newhouse, J. P. (1970). Toward a Theory of Non-profit Institutions : An Economic
Model of a Hospital. American Economic Review, American Economic Association,
vol. 60(1), pages 64-74.

ヌアゴー

Nørgaard, S. (2013). Skattereglerne for erhvervsdrivende fonde. Revision og
Regnskabsvæsen 2013.08.0048.

Nørgaard, S. (2014). Skattebetaling i de erhvervsdrivende fonde. Revision og
Regnskabsvæsen 2014.04.0056.

Nørgaard, S. (2015). Skat ved overdragelse af virksomhed til en fond. Revision og
Regnskabsvæsen 2015.04.0024.

ハ行

バードランドとスコー

Bertrand, M. and Schoar (2006). The Role of the Family in Family Firms. The Journal of
Economic Perspectives, 20 (2006), pp. 2-73.

ハーマンとフランク

Hermann, M. and Franke, G. (2002). Performance and Policy of Foundation-Owned
Firms in Germany. European Financial Management 8.

バガットとボルトン

Bhagat, S. & Bolton, B. (2014) Financial Crisis and Bank Executive Incentive Compensa-
tion. Journal of Corporate Finance. Vol. 25, pp. 313-341.

バッロ

Barro, R. J. (1974). Are government bonds net wealth. Journal of political economy. Vol.
82, No. 6, pp. 1095-1117.

ハンスマン

Hansmann, H. (1980). The Role of Non-profit Enterprise. The Yale Law Review April, 89
(5) : 835-901.

Hansmann, H.（1987）. Economic Theories of Non-profit Organization. In W.W. Powell （ed.）The Non-profit Sector : A Research Handbook. Yale University Press.

Hansmann, H.（2010）. The economics of non-profit organizations. In K. J. Hopt, T. von Hippel. Eds. Comparative Corporate Governance of Non-Profit Organizations. Cambridge University Press, Cambridge 2010.

ハンスマンとトムセン

Hansmann, H. and Thomsen, S.（2013a）. Managerial Distance and Virtual Ownership : The Governance of Industrial Foundations. Prepared for the conference on corporate Governance after the Crisis, Oxford, and January 13-14, 2002.

Hansmann, H. and Thomsen, S.（2013b）. The Performance of Foundation-Owned Companies. Paper presented to the RICF Conference on "Frontiers in Corporate Finance and Corporate Governance" Development Bank of Japan, 18 November 2011, and to the Department of Banking and Finance, University of Chulalongkorn, 21-3-2013, Workshop on Accountability and Responsibility of Corporate Ownership, 9-10 May 2013.

ファマとジェンセン

Fama, E. F. and Jensen, M. C.（1983a）. Agency problems and residual claims. Journal of Law and Economics June, 26 : 327-349.

Fama, E. and Jensen, M.（1983b）. Separation of ownership and control. Journal of Law and Economics, 26, 301-25.

Fama, E. and Jensen, M.（1985）. Organizational Forms and Investment Decisions. Journal of Financial Economics, 1985, 14（1）, pp. 101-19.

ファンほか

Fan, P. H. J., Li, J., & Leung, W. S. C.（2010）. Formosa plastics group : Business continuity forever. Harvard Business School Case, N9-210-026.

ブーハレンとジョセフセン

Bøhren, Ø. and Josefsen, M.（2013）. Stakeholder Rights and Economic Performance : The Profitability of Non-profits. Journal of Banking and Finance 37, 4073-4086.

フェルトフセンとポールセン

Feldthusen, R. K. and Poulsen, M.（2015）. Reformen af erhvervsfondsloven. Nordisk Tidsskrift for Selskabsret, Nr. 1, 05.2015, s. 46-60.

フェルプス

Phelps, E. S. (2010). Shorttermism is undermining America. New Perspectives Quarterly 27, 17–19.

フライ

Frye, A. (2013). Italian Bank Foundations under Siege on Overhaul Push. Bloomberg. October 30, 2013.

フライシュマン

Fleischmann, J. (2001) Public policy and philanthropic purpose - foundation ownership and control of corporations in Germany and the United States. In A. Schlüter, V. Then and P. Walkenhorst (Bertelsmann Foundation) (eds.) Foundations in Europe : Society, Management and Law (pp. 372–408). London : Directory for Social Change.

フライス

Fries, R. (2010). The Charity Commission for England and Wales. In K. J. Hopt, T. von Hippel. Eds. Comparative Corporate Governance of Non-Profit Organizations. Cambridge University Press, Cambridge 2010.

ベア

Bair, S. (2011). Lessons of the financial crisis : The dangers of short-termism. Remarks to the national Press Club, Washington, D.C. June 24.

ベッカー

Becker, G. S. (1976). Altruism, Egoism, and Genetic Fitness : Economics and Sociobiology. Journal of Economic Literature, Vol. 14, No. 3 (Sep.,), pp. 817–826.

Becker, G. S. (1991). A Treatise on the Family. Harvard University Press.

ベナボーとティロール

Benabou, R. and Tirole, J. (2011). National Bureau of Economic Research. Cambridge, Mass. NBER Working Paper.

ベヌドゥセンほか

Bennedsen, M., Nielsen, M. K., Pérez-González, F., and Wolfenzon, D. (2007). Inside the Family Firm : the Role of Families in Succession Decisions and Performance. Quarterly Journal of Economics 122, 2 : 647–691.

ボースティンほか

Børsting, C., Kuhn, J., Poulsen, T. and Thomsen, S. (2013a). The Governance of Industrial Foundations: Executive and Director Turnover. Unpublished Working Paper, The Research Project on Industrial Foundations. http://www.tifp.dk/wp-content/uploads/2014/04/The-Governance-of-Industrial-Foundations-Executive-and-Director-Turnover.pdf.

Børsting, C., Kuhn, J., Poulsen, T. and Thomsen, S. (2013b). Capital Structure in Industrial Foundations and Their Firms. Unpublished Working Paper, The Research Project on Industrial Foundations. http://www.tifp.dk/wp-content/uploads/2011/11/capital_structure_final.pdf

Børsting, C, Kühn, J., Poulsen, T. and Thomsen, S. (2014a). The Performance of Danish Foundation-Owned Companies. Unpublished Working Paper, The Research Project on Industrial Foundations. http://www.tifp.dk/wp-content/uploads/2014/04/The-Performance-of-Danish-Foundation-Owned-Companies.pdf

Børsting, C., Kuhn, J., Poulsen, T. and Thomsen, S. (2014b). Industrial foundations as long-term owners. Unpublished Working Paper, The Research Project on Industrial Foundations. http://papers.ssrn.com/sol3/papers.cfm?abstract_id=2725462

Børsting, C., Poulsen, T. and Thomsen, S. (2015). Denmark Country Report: EURFORI Study. European Foundations for Research and Innovation. European Commission.

ポーターとクレーマー
Porter, M. and Kramer, M. R. (2002). The competitive advantage of corporate philanthropy. Harvard Business Review 80 (Dec).

ポーリーとレディッシュ
Pauly, M. and Redisch, M. (1973). The Not-For-Profit Hospital as a Physicians' Cooperative. The American Economic Review - American Economic Association.

ホプト
Hopt, K. J. (2010). The board of non-profit organizations: some corporate governance thoughts from Europe. In K. J. Hopt, T. von Hippel. Eds. Comparative Corporate Governance of Non-Profit Organizations. Cambridge University Press, Cambridge 2010.

ホプトとフォン・ヒッペル
Hopt, K. J. and von Hippel, T. (2010). International Corporate Law and Financial Market Regulation, Comparative Corporate Governance of Non-Profit Organizations. Cambridge University Press.

ホルメンとダイク

Holmén, M & Dijk, O. (2012). Charity, incentives, and performance. Working Paper. Center for Finance. University of Gothenburg.

マ行
マズロー

Maslow, A. H. (1943). A Theory of human Motivation. Psychological Review, 50, 370–396.

マン

Manne, H. G. (1965). Mergers and the Market for Corporate Control. 73 Journal of Political Economy 110.

ミシェルほか

Mischel, W., Ebbesen, E. B. and Raskoff Zeiss, A. (1972). Cognitive and attentional mechanisms in delay of gratification. Journal of Personality and Social Psychology 21 (2) : 204–218.

Mischel, W., Yuichi, S. and Rodriguzez, M. L. (1989). Delay of gratification in children. Science 244 : 933–938.

メイヤー

Mayer, C. (2013). Firm Commitment : Why the corporation is failing us and how to restore trust in it. Oxford : Oxford University Press.

メトリックと安田

Metrick, A. and Yasuda, A. (2010). The Economics of Private Equity Funds. Review of Financial Studies, Vol. 23 no. 6, Jun, 2010a, pp. 2303–41.

メロタほか

Mehrotra, V., Morck, R. Shim, J. and Wiwattanakantang, Y. (2012). Adoptive Expectations : Rising Sons in Japanese Family Firms. Journal of Financial Economics, forthcoming.

ラ行
ラーディニほか

Leardini, C., Rossi, G. and Moggi, S. (2014). Board Governance in Bank Foundations. Springer, Berlin.

ラオとトムセン

Rao, C. and Thomsen, S. (2012). Uddelinger og Omkostninger i Danske Fonde. Working paper. The Research Project on Industrial Foundations.

ラディカとソートナー

Ladika, T. & Sautner, Z. (2014). The Effect of Managerial Short-Termism on Corporate Investment. University of Amsterdam. Working Paper, Universiteit van Amsterdam.

ラトナー

Radner, R. (1998). Economic survival. Nancy Schwartz Memorial Lecture, Northwestern University, 1996; reprinted in D.P. Jacobs et al. Frontiers of Research in Economic Theory (pp. 183-209). Cambridge: Cambridge University Press.

ロー

Roe, M. J. (2013). Corporate Short-Termism - In the Boardroom and in the Courtroom. Business Lawyer. ECGI - Waw Working Paper No. 210; Harvard Public Law Working Paper No. 13-18.

ローゼンブームとファン・デル・グート

Roosenboom, P. and van der Goot, T (2003). Takeover Defences and IPO Firm Value in the Netherlands. European Financial Management, Vol. 9, No. 4, 485-511.

ロフト

Loft, P. (2013). Baggrunden for Fondsbeskatningen. Revision og Regnskabsvæsen 12.

索　　引

ア行

アイデンティティの経済学　*32*

アマト法　*96*

アメリカ　*39, 41, 83*

イギリス　*59, 87*

イタリア　*96*

インド　*104*

　　インド信託法　*107*

インフォーマルな統治　*39*

インベストール　*6, 100*

ヴィクトリノックス　*6, 99*

ウエルカム信託　*89*

ウォレンバーグ（ヴァレンベリ）、ウォレ
　　ンバーグ家、ウォレンバーグ財団　*1,*
　　100

営利財団　*1, 8*

エージェンシー理論、エージェンシー問題
　　23, 24, 36, 46, 129, 132, 150

オーストリア　*98*

オラフトン・グループ　*104*

オランダ　*95, 102*

カ行

ガーディアン　*6, 83, 88*

カールスバーグ、カールスバーグ財団
　　6, 14, 54, 173

カールツァイス、カールツァイスグループ
　　6, 93

海外直接投資　*143, 151*

カヴリ　*6, 103, 193*

家族財団　*17, 89, 90, 172*

ガバナンス　*2, 7, 9, 11, 18, 19, 35, 40, 48, 54,*
　　68, 95, 97, 153, 158, 169

　　財団ガバナンスに関するベストプラク
　　　ティス　*62, 69*

　　良き財団ガバナンスに関する委員会

　　　62

管理距離　*163*

企業規模、企業規模の影響　*24, 112, 124,*
　　125, 135, 136, 138, 140, 142, 144, 151, 159,
　　160, 163

企業財団　*1, 5, 8, 99*

企業の評判、企業イメージ　*146, 149*

クーパーグループ　*93*

経営事務所（蘭）　*95*

限界企業価値　*103*

研究開発　*126, 198*

公益信託（英）　*59*

サ行

差分の差分　*139, 143*

時価総額　*1, 103, 110, 115, 116, 127*

事業財団　*1, 7, 8, 15, 47-49, 52, 60, 62, 109,*
　　110, 114, 158

　　事業財団法、デンマーク事業財団法、2014
　　　年法、EFL（Erhvervsfondslove）　*15,*
　　　48, 51, 170

事業承継　*39, 72, 92, 130, 131*

仕組み株（デュアル・クラス・シェア）
　　108

資本構造　*166, 170, 184*

社員代表　*54, 55, 58*

社会的な意義　*203*

信託遺贈　*38*

信託基金　*8*

心理経済学　*36*

スイス　*83, 99*

スウェーデン　*1, 83, 100-102, 135, 140*

スティリア・メディアグループ　*98*

スベンスカ商業銀行　*100*

生存曲線　*167*

制度的な文脈　*37*

創業家
　創業家／創設者／創業者／創立者からの
　独立　*10, 49, 50, 52, 66, 84, 158, 171, 179*
　創業家の関与　*162*
　創業家の役割　*58*
総収益率　*137*

タ行

台湾　*84, 107*
　台湾プラスティックグループ　*84, 107*
タタ、タタ家、タタ・グループ、タタ・サ
　ンズ、タタ信託、タタ財団　*1, 6, 16,
　105*
長期的
　長期的な経営　*130*
　長期的な視野、長期的な視野にたつガバ
　ナンス　*34, 165*
　長期的な変化　*187*
ツェッペリン財団　*94*
定款（設立趣意書）　*11, 51, 52, 169*
　定款の変更　*54*
ティッセンクルップ　*94*
ドイツ　*1, 7, 14, 53, 83, 89, 134, 202*
統計的管理　*139*
同定　*21, 26, 31, 32, 39*
トゥレレボーグ　*6, 101*

ナ行

ノボノルディスク、ノボノルディスク財団
　1, 6, 14, 41, 110, 116, 142, 172
ノルウェー　*83, 103, 140, 193, 202*

ハ行

ハーシー　*1, 83, 87*
ピエール・ファーブル、ピエール・ファー
　ブル財団　*6, 95*
ビジネス財団　*1, 16*
フォード財団、フォード・モーター社
　84

付加価値（売上総利益）　*118*
不可逆、不可逆性　*9, 10, 51, 84, 107*
フランス　*41, 47, 83, 94*
ベルテルスマン　*6, 89, 92*
法的意義　*38*
ボッシュ、ボッシュ財団、ロバート・ボッ
　シュ　*1, 6, 14, 89, 90, 91*
ボンベイ信託令　*107*

マ行

マーレ財団、マーレ・ベール　*89, 90, 92*
メイヨー・クリニック　*41, 87*
モンテ・ディ・パスキ・ディ・シエナ、モ
　ンテ・ディ・パスキ・ディ・シエナ銀行
　96, 97

ラ行

理事報酬　*59, 159*
離職率　*125*
利他主義　*28, 30, 31*
ロイズ、ロイド・レジスター社　*1, 6, 83,
　88*
ロイヤルダッチ・アホルド、アホルド経営
　事務財団　*95*
ロレックス　*1, 6, 99*

英・数

A. P. モラー・マースク、A. P. モラー財団、
　マースク　*6, 110, 116, 172*
A-TEC 産業　*98*
DNV GL グループ　*6, 103*
IKEA　*6, 102*
NCC　*6, 102*
ZF フリードリヒスハーフェン　*6, 94*
1969 年法（米）、1969 年財団法（米）、1969
　年税制改革法（米）　*84, 85, 87*
2014 年法（デンマーク）　*48*　→事業財
　団法もみよ

スティーン・トムセン（Steen Thomsen）
コペンハーゲン・ビジネススクール教授、同コーポレートガバナンス研究所創設者。コペンハーゲン大学より経済学修士、コペンハーゲン・ビジネススクールより経営学博士。同大学助教、オーフス大学教授を経て現職。『デンマークの産業財団』（本書、原書は 2017 年）をはじめ、関連分野で多数の研究論文および著書。

（訳者）
尾﨑俊哉
立教大学経営学部名誉教授。ジョージ・ワシントン大学より政治学博士。著書に『ダイバーシティ・マネジメント入門』（ナカニシヤ出版、2017 年）、『デンマークを知るための 70 章 ［第 2 版］』（共著、明石書店、2024 年）など。

デンマークの産業財団

2024 年 7 月 31 日　初版第 1 刷発行

著　者　スティーン・トムセン
訳　者　尾﨑俊哉
発行者　中西　良
発行所　株式会社ナカニシヤ出版
　　　　〒 606-8161 京都市左京区一乗寺木ノ本町 15 番地
　　　　TEL 075-723-0111　FAX 075-723-0095
　　　　http://www.nakanishiya.co.jp/

装幀＝白沢　正
印刷・製本＝亜細亜印刷
© Toshiya Ozaki 2024　Printed in Japan
＊落丁・乱丁本はお取替え致します。
ISBN978-4-7795-1809-6　C0034

ダイバーシティ・マネジメント入門
経営戦略としての多様性
尾﨑俊哉

多様な人材の活用をめざすダイバーシティ・マネジメント。組織における人材の多様性の実現は、新たな競争力を構築するための戦略としても注目される。その経営戦略上の意義をわかりやすく紹介。

二二〇〇円＋税

日本の経営・労働システム
鉄鋼業における歴史的展開
青木宏之

日本の職場ではなぜそこまでの組織貢献が求められるのか。戦後のリーディング産業であった鉄鋼業を対象に、マネジメントと労使関係の一体的分析から、組織を動かす職場集団のメカニズムを解き明かす。

三六〇〇円＋税

日本の社会政策　［第3版］
久本憲夫・瀬野陸見・北井万裕子

雇用、年金、医療、障害、介護、生活保障、少子化、ワーク・ライフ・バランス——。最新の政策動向を網羅し、日本の社会政策をトータルに解説。わが国が直面する社会問題を考えるうえでの基礎知識を提供する決定版。

三四〇〇円＋税

現代制度経済学講義
藤田真哉・北川亘太・宇仁宏幸

現代の制度経済学の諸原理や手法を解説し、目まぐるしく変化する日本経済、世界経済の動向を制度の観点から読み解く。現代資本主義の新展開のもつ意味を分析し、制度経済学の立場からの倫理的主張を提示する。

三三〇〇円＋税